Wolfgang Feyerabend

Quer durch Mitte · Die Spandauer Vorstadt

Neue Schönhauser Straße mit dem ehemaligen Volkskaffeehaus

Kurze Geschichte der Spandauer Vorstadt

Noch bis zum Ende des 17. Jahrhunderts gehörten große Teile der heutigen Spandauer Vorstadt zur Berliner Feldmark und waren weitgehend unbebaut. Entlang der Oranienburger Straße, die Teil des einstigen mittelalterlichen Land- und Heerweges ist, der vom Spandauer Tor (Hackescher Markt) über die heute nicht mehr bestehende Pankebrücke zur Festung Spandau führte, gab es bis dahin lediglich den kurfürstlichen Garten samt Meierei, dazu einige der landwirtschaftlichen Nutzung dienende Baulichkeiten sowie die Blankenfeldsche Ziegelei. Kalkscheunen- und Ziegelstraße verweisen auf den Standort der alten Fabrikationsstätte.

1672 erwarb Mordechai Model ein 0,59 ha großes Areal vor dem Stadttor, das er der Jüdischen Gemeinde als Friedhof übergab. Um den Begräbnisplatz herum entstanden seit Mitte des 18. Jahrhunderts weitere Einrichtungen der Jüdischen Gemeinde, so das Krankenhaus und die Krankenverpflegungsanstalt. 1686 wurden an der späteren Friedrichstraße Krankenhaus und Altersheim für unbemittelte Angehörige der französischen Kolonie erbaut. 1691 und 1698 verschenkte Sophie Charlotte, die zweite Gemahlin von Kurfürst Friedrich III., insgesamt 27 Parzellen als Baugrundstücke an bevorzugte Angehörige ihres Hofstaates. Die Baustellen befanden sich am Nordufer der Spree, links und rechts der Wassergasse (Tucholskystraße). Diese Landvergaben, die der Berlin-Historiker Laurenz Demps in seinem Buch »Die Oranienburger Straße. Von der kurfürstlichen Meierei zum modernen Stadtraum« durch neue Aktenfunde ausführlich dokumentieren konnte, führten zur Verlegung der Stadtgrenze in Richtung Westen, bis zum Unterbaum, dem heutigen Spreebogen. In der Folge erhielt das Gebiet den Namen »Spandauer Vorstadt«.

Gleichzeitig wurden von der Kurfürstin offenbar auch Flurstücke vor dem Spandauer Tor verkauft und bauwilligen Berlinern zugewiesen. Die beiden Häuser Große Hamburger Straße Nr. 17 und Nr. 19a, gegenüber dem Alten Jüdischen Friedhof, datieren aus dieser allerersten Phase der Bebauung. Sie sind heute die ältesten erhaltenen Gebäude des Viertels. Als Fachwerkbauten mit Satteldach errichtet, dokumentieren sie in ihrer Zweigeschossigkeit noch deutlich den vorstädtischen Charakter, den das Quartier einst hatte.

Zwischen 1703 und 1706 wurde als weiterer Begräbnisplatz in der Spandauer Vorstadt der Garnisonfriedhof an der späteren Linienstraße angelegt. Erhalten ist davon heute noch der Offiziersfriedhof mit einer Reihe von kulturgeschichtlich und kunsthistorisch interessanten Grabmälern (Eingang Kleine Rosenthaler Straße). 1706 entstand auf dem Meiereigelände der Ursprungsbau des Schlosses Monbijou für Reichsgraf Kolbe von Wartenberg. Seine Frau war die Mätresse des inzwischen zum König (Friedrich I.) gekrönten Kurfürsten. 1711, als der Reichsgraf in Ungnade gefallen war, kaufte König Friedrich I. das Anwesen zurück. Das Areal der Meierei hatte Jahre zuvor schon Sophie Charlotte für einen repräsentativen Wohnsitz ins Auge gefaßt, aber, als dem Stadtschloß zu nah, verworfen. Sie ließ sich schließlich das Charlottenburger Schloß erbauen, das weit genug vom Berliner Hof und damit von ihrem Gatten entfernt war. Der Reichsgraf wiederum, der bis zu seiner Amtsenthebung General-Erb-Postmeister gewesen war, hatte in der Nähe seines Schlosses den Posthof anlegen lassen. Schon zeitig entwickelte sich deshalb die Oranienburger Straße zum Standort für Einrichtungen der Berliner Post.

Im Jahre 1712 erfolgte die Grundsteinlegung für eine Pfarrkirche des Gebietes, die Sophienkirche. Die Errichtung des zunächst querorientierten Saalbaues ohne Turm hatte die junge Königin Sophie Luise, dritte Gemahlin Friedrich I., mit 4.000 Talern ermöglicht. Gleichzeitig wurde, das Gotteshaus umgebend, der Kirchhof angelegt. Damit war bereits bis Anfang des 18. Jahrhunderts ein beträchtliches Areal erschlossen worden, das freilich noch immer sehr locker bebaut war. Es reichte vom 1706/08 entstandenen Koppenschen Armenhaus und dem Armenfriedhof am heutigen Koppenplatz bis zum Spandauer Heerweg und dem nördlichen Spreeufer einerseits sowie von der Großen Hamburger Straße bis jenseits der Friedrichstraße andererseits.

Ob der allmählichen Besiedlung des Gebietes schon in einem sehr frühen Stadium ein Gesamtplan zugrunde lag, wie er für die wenige Jahre zuvor angelegten Neustädte (Friedrichstadt und Dorotheenstadt) existierte, läßt sich aus den wenigen historischen Quellen nicht mehr erschließen. Die Gassen im Viertel wurden jedenfalls erst 1716 auf Befehl von König Friedrich Wilhelm I. abgesteckt. Die Straßen orientierten sich dabei an den schon bestehenden Landwegen. Im Gegensatz zu den vorgenannten Stadterweiterungen besitzt das Quartier deshalb bis heute ein unregelmäßiges Straßenraster. Ebenfalls unter Friedrich Wilhelm I. erhielten 1738 mehrere Schiffbauer die Genehmigung, sich mit ihren Werften am heutigen Schiffbauerdamm anzusiedeln.

Schon zu Beginn des 18. Jahrhunderts wurden die Befestigungswerke, die die Doppelstadt Berlin-Cölln umschlossen, nach und nach geschleift. Im Bereich des jetzigen Hackeschen Marktes und des Alexanderplatzes erfolgte der Abbruch 1750. Mit der Leitung der Arbeiten hatte König Friedrich II. seinen Stadtkommandanten Generalleutnant Ernst Ludwig von Hakke beauftragt. Nach ihm wurde später der auf dem Festungsvorgelände entstandene Hackesche Markt benannt, der das städtebauliche Bindeglied zwischen dem alten Berlin und der Bebauung vor dem Stadttor bildete. Mit den gleichzeitig entstandenen Straßen, der Neuen Promenade (Kommandantenstraße), der Großen und Kleinen Präsidentenstraße sowie der Neuen Schönhauser Straße, wurde das Viertel in südwestlicher und südöstlicher Richtung erweitert.

Von diesem Zeitpunkt an war das Spandauer Viertel streng genommen keine Vorstadt mehr. Allerdings waren die vor den Wallanlagen befindlichen Stadtgräben nicht mit der Stadtmauer zusammen beseitigt worden. Sie bestanden weiter und trennten die Gegend zumindest noch verkehrstechnisch von der Altstadt. »Sie (die Spandauer Vorstadt, Anm. d. Verf.) hat mit Berlin durch die Spandauer und Neue Friedrichsbrücke Gemeinschaft. Mit der Dorotheenstadt aber durch die Große Weidendammsbrücke und durch die Brücke am Schiffbauerdamme«, berichtet Friedrich Nicolai in seiner 1786 erschienenen »Beschreibung der Königlichen Residenzstädte Berlin und Potsdam«. [1] Verfüllt wurden die wasserführenden Gräben erst in den achtziger Jahren des 19. Jahrhunderts. Sie bildeten dann das Bauland für die Errichtung der Stadtbahntrasse. Damit folgte die Streckenführung der S-Bahn im Bereich des Alexanderplatzes und des Hackeschen Marktes dem Verlauf des alten Befestigungswerks.

Nachdem im Dreißigjährigen Krieg (1618–48) die mittelalterlichen Festungswerke fast vollständig zerstört worden waren, hatte Kurfürst Friedrich Wilhelm (der Große Kurfürst) den Neuaufbau der Umwallung in Angriff genommen. Unter der Federführung des in Holland ausgebildeten Baumeisters Johann Gregor Memhardt wurde eine moderne, mit Bastionen versehene Verteidigungslinie geschaffen. Militärisch mußte sie sich bis zu ihrem Abriß glücklicherweise nie bewähren. Die Neue Schönhauser Straße, die nach Südosten hin einen stumpfen Winkel bildet, zeichnet den Verlauf der einstigen Bastionärbefestigung nach. An den Festungsbaumeister erinnert nahe des Alexanderplatzes ein Straßenname.

Als äußere Befestigung der Spandauer Vorstadt fungierte zunächst eine Palisadenumwehrung entlang der neu abgesteckten Linienstraße. Die Palisaden wurden 1732/34 in die die Doppelstadt Berlin-Cölln und seine Vorstädte umgebende

Blick über die Spandauer Vorstadt zum Gendarmenmarkt

Zoll- und Akzisemauer integriert. 1789 wurde die Umwehrung als massive Mauer ausgeführt und bis an die Südseite der heutigen Torstraße vorverlegt. Mit der Errichtung der repräsentativen Torbauten wurden namhafte Berliner Baumeister wie Carl Philipp Christian von Gontard oder Georg Christian Unger betraut. Die Mauer, die keine wehrtechnische Funktion mehr besaß, sondern nur noch zur Kontrolle von Einlaß und Austritt und der damit verbundenen Erhebung der Verbrauchssteuer (Akzise) diente, umgab die Stadt bis 1867. An der Hannoverschen Straße, die die Torstraße in nordwestlicher Richtung verlängert, sind Reste der einstigen Zoll- und Akzisemauer erhalten geblieben.

Die heutige Spandauer Vorstadt, die zum Stadtbezirk Mitte gehört und 1990 zum Flächendenkmal erklärt wurde, zählt knapp 8.000 Bewohner. Sie umfaßt ein Gebiet, das im Norden von der Torstraße und im Süden von der Spree bzw. der Stadtbahntrasse begrenzt wird. Die östliche und westliche Be-

Rosa-Luxemburg-Platz mit der 1913 von Oskar Kaufmann erbauten Volksbühne

grenzung bilden Karl-Liebknecht-Straße und Friedrichstraße. Ursprünglich dehnte sich die Vorstadt bis zum Spreebogen aus. Das Terrain jenseits der Friedrichstraße wurde 1828 per königlicher Ordre zum eigenständigen Stadtviertel erklärt und erhielt (nach König Friedrich Wilhelm III.) den Namen Friedrich-Wilhelm-Stadt.

Die Rosenthaler Straße, die am Hackeschen Markt beginnt und bis zum Rosenthaler Platz führt, bildet eine Art Zentralachse und teilt das Gebiet in östliche und westliche Spandauer Vorstadt. Zum östlichen Teil gehört das Scheunenviertel. Im Jahre 1672 waren vor dem Georgentor, auf dem Areal des heutigen Rosa-Luxemburg-Platzes, sechs Gassen mit etwa dreißig Scheunen angelegt worden. Nach der kurfürstlichen Feuerverordnung mußte hier, außerhalb der Stadt, das brennbare Erntematerial gelagert werden. Später zum Wohnquartier umgewandelt, fanden in ihm Ende des 19. Jahrhunderts viele ostjüdische Einwanderer erste Unterkunft. 1906/07 wurde das Viertel im Zusammenhang mit dem Bau der Kaiser-Wilhelm-Straße (Rosa-Luxemburg-Straße) komplett abgerissen. Die Bewohner zogen in die Nachbarstraßen, und das Scheunenviertel »wanderte« mit ihnen mit. Heute wird der Name immer wieder fälschlicherweise auch auf den westlichen Teil der Spandauer Vorstadt übertragen.

Die ab 1706 gleichzeitig errichteten Bauten des Lustschlosses Monbijou und des Armenhospitals – das Grundstück hatte der Stadthauptmann und Ratsverwandte Christian Koppe zu Verfügung gestellt – verweisen auf die überaus gemischte soziale Struktur des Gebietes im frühen 18. Jahrhundert. Neben den eher wohlhabenden Berlinern, die hier ein Grundstück erwerben und bebauen konnten, gab es schon zeitig auch Einrichtungen für die Ärmsten der Stadt. Daraus abzuleiten, daß die Spandauer Vorstadt eine Gegend der »kleinen« Leute gewesen sei, wie neuerdings immer wieder behauptet wird, ist indessen falsch. Gerade dieses Mit- oder Nebeneinander von arm und reich in den Quartieren hielt man sich in der Residenzstadt zugute. Die Entwicklung von ausgesprochenen Armenvierteln, wie sie das im Norden benachbarte »Neu-Voigtland«, die spätere Rosenthaler Vorstadt, oder das Scheunenviertel darstellten, vollzog sich erst im Verlauf des 18. bzw. 19. Jahrhunderts.

Die Spandauer Vorstadt hingegen blieb noch lange eine durchaus bevorzugte Wohngegend. Hier wohnten die Bankiers Abraham Mendelssohn und Simon Veit, der eine Sohn, der andere Schwiegersohn des Philosophen Moses Mendelssohn. Hier wohnten und arbeiteten die Dichterin Anna Louise Karschin und der Aufklärer Carl Wilhelm Ramler, der Naturforscher Alexander von Humboldt und der Philosoph Johann Gottlieb Fichte, der Direktor der Berliner Singakademie Carl Friedrich Zelter und der Pädagoge Friedrich Adolph Wilhelm Diesterweg. Seit den sechziger Jahren des 18. Jahrhunderts entstanden außerdem im bzw. um das Viertel herum mehrere Kasernen. Für das 2. Artillerieregiment wurde 1764 eine Kaserne zwischen der heutigen Johannisstraße und der Ziegelstraße erichtet. Das 4. Artillerie-Regiment erhielt am Kupfergraben einen Kasernenbau. Ein Teil der Offiziere zählte gleichfalls zu den Bewohnern der Spandauer Vorstadt.

Erst mit der Industrialisierung, die am Beginn des 19. Jahrhunderts einsetzte, veränderte sich die Bevölkerungsstruktur deutlich. Gewissermaßen gleich vor der Haustür entstanden entlang der Chausseestraße, vor dem Oranienburger Tor, die Maschinenbaufabriken von Egells, Borsig, Schwartzkopff, Wöhlert und anderen. »Feuerland« wurde das Gebiet wegen der ständig rauchenden Schlote genannt. Der gleichzeitige Zuzug von Arbeitsuchenden aus allen Teilen Deutschlands ließ Wohn- und Gewerberaum knapp werden. Berlin wuchs nicht nur mit immer neuen Vorstädten über seine Stadtmauern hinaus, sondern wurde auch in den alten Stadtvierteln immer mehr »verdichtet«. Die alten ein- und zweigeschossigen Häuser der Spandauer Vorstadt, in denen bis dahin zumeist die Eigentümer mit ihren Familien und einigen wenigen Mietparteien gewohnt hatten, wurden nun entweder aufgestockt oder gleich abgerissen, um neuen Bauten Platz zu machen, die vermehrt Mietwohnungen bereithielten.

Auch die Hofareale gerieten mehr und mehr als kostbares Bauland in den Blick. Der Anstieg der Bodenpreise, Mietwucher sowie die verschiedenen Bauordnungen, in der sich die Verantwortlichen der Stadt immer nur auf Minimalstandards hatten festlegen können, beförderten die kleinparzellige Überbauung der Grundstücke zusätzlich. 1877 hatte die Einwohnerzahl Berlins die Millionengrenze überschritten. Ab der zweiten Hälfte des 19. Jahrhunderts zogen die, die das nötige Geld besaßen, in die entstehenden Neustädte oder gleich an den Stadtrand ins Grüne.

Nach den Gründerjahren, in denen der Wohnungsbau mit düsteren fünf- und sechsgeschossigen Mietskasernen vorangetrieben worden war, gab es verschiedentlich Versuche, das

Sophienstraße

Viertel für den Mittelstand wieder attraktiv zu machen. Die 1906 errichteten Hackeschen Höfe, auf die später noch näher eingegangen werden soll, stehen mit ihren für damalige Verhältnisse hohen Ausstattungsstandards als Beispiel für ein solches Umdenken. Auch eine stärkere Trennung der Bereiche Wohnen und Arbeiten wurde nun vorgenommen. So entstanden noch vor dem Ersten Weltkrieg einerseits »reine« Wohnanlagen und andererseits »reine« Gewerbekomplexe.

Von den Veränderungen der Stadtstruktur am Anfang des 20. Jahrhunderts wenig betroffen, blieben auch die Zerstörungen, die der Zweite Weltkrieg in der Spandauer Vorstadt hinterließ, relativ gering. Wobei heute manch geschlossener Straßenzug dennoch über den Nachkriegszustand hinwegtäuscht. Häuser, deren Fassaden einst reich stuckiert waren und nun mit Glatt- oder Rauputz versehen sind, wiesen nach dem Kriege zumeist mehr oder weniger schwere Schäden auf.

Die Vernachlässigung des Altstadtbereiches zu DDR-Zeiten – lange Zeit stand ein Komplettabriß des Viertel auf der Tagesordnung – trug zu weiteren Verlusten bei. Nach dem Krieg war von Denkmalpflegern eine Liste über die Gebäude angefertigt worden, die das Bombardement unbeschadet überstanden hatten. Etliche dieser erwähnten Bauten verfielen in vierzig Jahren DDR. »Ruinen schaffen ohne Waffen« oder »Was der Krieg verschonte, überlebte den Sozialismus nicht« waren bittere Kommentare, die in der Wendezeit an bröckelnde Häuserwände gepinselt wurden.

Einzig die Sophienstraße war anläßlich der 750-Jahr-Feier Berlins in den achtziger Jahren restauriert worden. Zusammen mit der Husemannstraße am Prenzlauer Berg galt sie als Vorzeigestraße in Ostberlin. Es blieben freilich die einzigen Beispiele. Die chronische Geldnot des »Arbeiter- und Bauernstaates« hatte, so zynisch es klingen mag, jedoch auch eine positive Seite. Das Altstadtviertel verfiel zwar immer mehr, blieb aber in seiner Struktur weitgehend so erhalten, wie es seit Jahrhunderten gewachsen war. Auf Westberliner Seite, am Wedding, waren mit der »Kahlschlagsanierung« noch in den siebziger Jahren ganze Karrees abgebrochen und neu bebaut worden. Von daher bietet die Spandauer Vorstadt heute für Denkmalpfleger und Restauratoren ein weites Forschungs- und Betätigungsfeld. Viele der inzwischen rekonstruierten Gebäude dürfen als beispielhaft für den Umgang mit der historischen Bausubstanz gelten.

Unwiederbringlich zerstört hingegen ist seit der Gewaltherrschaft der Nazis das jüdische Leben im Viertel. Als Kaufleute und Fabrikanten, Handwerker und Arbeiter hatten Juden, vor allem seit der staatsbürgerlichen Gleichstellung von 1812, einen wesentlichen Anteil daran, daß aus der einstigen Vorstadt ein kulturell und wirtschaftlich lebendiger Stadtraum wurde. Als »Toleranzstraße« war die Große Hamburger Straße früher bezeichnet worden. In ihr hatten Juden, Katholiken und Protestanten ihre Gemeindeeinrichtungen erbaut. 1942 wurden Jüdisches Altersheim und Knabenschule in derselben Straße von der Gestapo in Sammellager für die Deportation umgewandelt. Ein großer Teil der über 55.000 aus Berlin deportierten Menschen mußte von hier aus den Weg in die Konzentrationslager antreten.

Viel hat sich seither verändert. Nicht alles zum Guten. Jüdisches Leben ist in Anfängen wiedererstanden. Zugleich aber gibt es Schändungen von Gedenksteinen. Künstler aus aller Herren Länder waren die ersten, die das baulich marode Quartier nach der politischen Wende von 1989 wiederentdeckten. Und auch, wie das heutige Kunsthaus Tacheles, vor geplanten Abrissen bewahrten. Längst wird mit großem Geld gebaut, rekonstruiert, getüncht. Hier und da beginnt die Verdrängung der Altmieter, zum Teil mit krimineller Energie. Inzwischen gilt das Viertel als das »angesagteste« Berlins. Galerienmeile und Straßenstrich, Hinterhofidyll und Kneipenszene, Flächendenkmal und Baustellenchaos – die über dreihundert Jahre alte, junge Spandauer Vorstadt ist wie ein Seil, an dem von beiden Enden gezerrt wird. Das Zerreißen steht als Drohung darüber. Nicht erst seit heute. Seiltänze, Leben genannt, sind wohl eben deshalb möglich.

Hof Auguststraße Nr. 23

Über die Höfe

Anschaulich wird die Geschichte des Quartiers für den, der sich die Zeit nimmt, hier und da einen Blick in die Höfe zu werfen. Schon Franz Hessel, Berlins literarischer Flaneur der zwanziger Jahre, notierte: »Manchmal möchte ich in die Höfe gehen. Im älteren Berlin wird das Leben nach den Hinter- und Gartenhäusern zu dichter, inniger und macht die Höfe reich, die armen Höfe mit dem bißchen Grün in einer Ecke, den Stangen zum Ausklopfen, den Mülleimern und den Brunnen, die stehengeblieben sind aus Zeiten vor der Wasserleitung.« [2]

Die Welt der Hinterhöfe, die Hessel in den zwanziger Jahren beschwor, ist verschwunden. Vorbei sind die Zeiten des Leierkastenmanns, die Zeiten der Kinderscharen, die in den Höfen lärmten und von der Concierge oder vom Hauswirt wieder und wieder verjagt wurden. Stille ist eingekehrt. Hinterhoffabrikationen haben ihre Produktion eingestellt. Kein Teppichklopfen mehr. Niemand hängt Wäsche auf.

Und dennoch gibt es ein neuerliches Interesse an den Höfen. Als Refugium im hektischen Stadtraum. Wer auf dem Hofe wohnt, wohnt inzwischen ruhiger als an der Straße. Die oftmals preiswertere Miete bietet zudem kleinen Firmen, Galerien, Künstlern eine Chance, sich hier niederzulassen. Kunst- und Kulturhofkonzepte sind in den letzten Jahren entwickelt worden und tragen dazu bei, die Areale mit ihren Stallungen und Wagenremisen, Werkstätten und Fabrikgebäuden, Wohnhäusern und Ballsälen wiederzubeleben. Baulichkeiten, die im Gegensatz zu den Vorderhäusern über die Jahrhunderte und Jahrzehnte oft unangetastet blieben und somit auch noch die historisch gewachsene Stadtstruktur, teilweise von der Erstbebauung der Flurstücke an, dokumentieren.

Zu den Anlagen des 18. Jahrhunderts gehört die Große Hamburger Straße Nr. 19a. Das Vorderhaus, darauf wurde schon hingewiesen, entstand bereits 1691. In älteren Architekturführern wurde das Gebäude auf das frühe 19. Jahrhundert datiert. Zu der Zeit war aber lediglich die Fassade im klassizistischen Stil erneuert worden. Durch die 1993/94 von der Denkmalpflege vorgenommenen dendrochronologischen Untersuchungen am Dachstuhl und im Erdgeschoß konnte das Fälldatum der Hölzer und damit der genaue Baubeginn bestimmt werden. Die Balken waren übrigens auf einem Bauplatz zusammengefügt und gekennzeichnet worden. Die Abbundzeichen erleichterten beim Aufrichten der Konstruktion auf dem Dach das Zusammenfinden der Teile. Aus der Systematik der Abbundzeichen konnte jetzt auch erschlossen werden, daß das Gebäude einst an der Südseite um vier Gebinde länger war.

Das in den Straßenraum ragende Haus verweist darüber hinaus auf die ursprüngliche Bauflucht der Häuserzeile. Die später errichteten Nachbargebäude wurden zurückgesetzt, um die Straße zu verbreitern.

Im kleinen zweigeschossigen Quergebäude des ersten Hofes, das in den zu ebener Erde gelegenen Räumen mit einem Kreuzgratgewölbe ausgestattet ist, war 1799 die Brauerei des Eigentümers Zahl untergebracht. Rechterhand finden sich die Garagen, die einst als Pferdestall und Wagenremise gedient hatten. Das Bier wurde in Fässern ausgefahren und gleich vom Wagen aus verkauft. Mit der Bierkanne trugen es die Berliner nach Hause.

Linkerhand, an die Hofmauer gesetzt, steht als schmaler Fachwerkanbau der Abtritt. Bei der Teilrestaurierung der Gebäude wurde er als bauliches Dokument wieder instandgesetzt. Der Abort auf dem Hof ist noch eines dieser Relikte aus den Zeiten »vor der Wasserleitung«. Erst mit der von James Hobrecht projektierten Kanalisation, die abschnittsweise ab 1876 angelegt und gegen den Widerstand vieler Haus- und Grundeigentümer durchgesetzt wurde, konnten die Toiletten allmählich in den Wohnhäusern untergebracht werden. Zunächst auf »halber« Treppe, später auch in den Wohnungen.

Anfang des 19. Jahrhunderts erwarb Johann Heinrich Wrede das aus insgesamt drei winzigen Höfen bestehende Grundstück. Wrede, der zuvor als Mieter im Haus gewohnt hatte, etablierte in den Räumen der Brauerei eine Branntweinbrennerei. Die Gebäude blieben später von Um- und Neubauten weitgehend verschont. Kleinere Unternehmen, von der Schokoladenfabrik über die Kaffeerösterei bis hin zur Malerfirma waren in der Folge auf dem Grundstück ansässig.

Hofanlagen aus dem 18. Jahrhundert lassen sich noch in mehreren Straßen des Viertels entdecken. Wenn auch nicht mehr alle in ihrer ursprünglichen Form erhalten geblieben sind, geben sie doch Auskunft über die baulichen Besonderheiten ihrer Entstehungszeit. Zu nennen ist hier die Neue Schönhauser Nr. 15. Hinter dem mit einer unansehnlichen Rauputzfassade versehenen dreigeschossigen Vorderhaus, mit dessen Bau 1752 begonnen worden war, verbirgt sich eine hofseitige Galerie.

Galerien, auch Laubengänge genannt, waren seit dem späten 18. Jahrhundert überaus beliebt. Sie vermittelten nicht nur ein südländisches Flair, sondern ersparten den kostspieligen Einbau von Treppenanlagen in den Hofgebäuden. In den innerstädtischen Quartieren hatte man sich der Laubengänge schon länger bedient. In der Spandauer Vorstadt entstanden sie, als mit der Errichtung von Wohnbauten auf den Höfen bzw. dem Umbau der Wirtschaftsgebäude zu Wohnzwecken begonnen wurde. Die Galerien verbanden dabei die Obergeschosse des Vorderhauses mit denen der sich anschließenden Seitenflügel. Die Hinterhausbewohner gelangten über die Vorderhaustreppe in die oberen Stockwerke und von dort aus auf die Galerie, die zu den Wohnungen in den Seitenflügeln führte.

Bei Bränden im vorderen Teil des Anwesens bildeten die Hintergebäude allerdings eine regelrechte Falle, weil sie ohne Notabgang nicht verlassen werden konnten. Spätere Bauordnungen verlangten den nachträglichen Einbau von Treppen. Die Galerien hatten nun keine Funktion mehr und verschwanden allmählich von den Höfen. Die Laubenganghäuser in der Karl-Marx-Allee, die auf Entwürfe von Hans Scharoun zurückgehen und 1949/50 erbaut wurden, setzten noch einmal diese alte Berliner Bautradition fort.

Eine kleine, in der Ausstattung bescheidenere, Galerie findet sich in der Auguststraße Nr. 23. Sie verbindet hier die Obergeschosse des Quergebäudes mit denen der Seitenflügel. Das Grundstück, das seit 1826 bebaut wurde, wirkt im übrigen noch ganz dem 19. Jahrhundert zugehörig. Stall und Heuboden sind vorhanden. Ein Möbelrestaurator arbeitet im Hof. Durch den Torbogen des Quergebäudes gelangt man in den hinteren Teil des Areals, das verwilderte Gartengelände. Als Auslauf für das Vieh, das bis nach dem Zweiten Weltkrieg auf dem Hof gehalten wurde, blieb es unbebaut.

Noch aus dem Jahre 1794 stammt das zweigeschossige Vorderhaus Auguststraße Nr. 69. Es wurde für den königlichen Kammerherrn Timm erbaut. Die repräsentative Treppenanlage bezeichnet stilistisch den Beginn des Klassizismus in Berlin. Im weitläufigen Hof befinden sich an der linken und rechten Seite zwei ebenfalls zweigeschossige Seitenflügel, die 1820 errichtet wurden. An der nördlichen Grundstücksgrenze, dort, wo sich einst der Garten befand, wurde in der Gründerzeit das unvermeidliche Fabrikgebäude angelegt. Eine bauliche Entwicklung, die für die meisten der Grundstücke in der Spandauer Vorstadt typisch war. In den dreißger Jahren des 20. Jahrhunderts hatte hier die in Lichtenberg ansässige Margarinewerke Berolina GmbH eine Dependance eingerichtet.

Hof Neue Schönhauser Straße Nr. 15

Nach der fast drei Jahre dauernden Rekonstruktion, die mit öffentlichen Mitteln und Sponsorengeldern finanziert wurde, ist in die Gebäude der Künstlerverein Kunst-Werke e.V., der sich nach 1990 etabliert hatte, wieder eingezogen. Die Auguststraße Nr. 69 dient zugleich als Standort für die junge Berlin Biennale. Der im Hof gelegene gläserne Pavillon, ein Kunstobjekt von Dan Graham, wird als Café genutzt.

Mit einer geschlossen erhaltenen Hofanlage aus der Mitte des 18. Jahrhunderts wartet die Neue Schönhauser Straße

Nr. 12 auf (Umschlagfoto). Vor wenigen Jahren erst sorgsam restauriert, entfalten die Gebäude wieder ihren vorstädtisch anmutenden Charakter. Das ursprünglich zweigeschossige Vorderhaus wurde, wie die dendrochronologischen Untersuchungen an der Balkendecke im Keller ergaben, 1753 erbaut. Es gehört damit im Kern zur Erstausstattung der Straße. Im ersten Berliner Adreß- und Straßenverzeichnis, 1799 herausgegeben von Neander von Petersheiden, wird der Hutlieferant Pascal als Eigentümer des Grundstücks genannt. Der Name verweist auf die französische Herkunft. Was für Berlin galt, gilt auch für das Viertel. Immer wieder waren es Zugewanderte, die den wirtschaftlichen Wohlstand mehren halfen.

Im Jahre 1870 erfolgten die Aufstockung des Hauses um eine weitere Etage und die Umgestaltung der Fassade im schlichten spätklassizistischen Stil. Reliefartige Spiegel unter den waagerecht verdachten Fenstern der Beletage sowie der ornamentierte Fries am oberen Stockwerk zieren die Schauseite. Aus der Zeit des Umbaus stammt auch die gußeiserne Treppe. Um die Mitte des 19. Jahrhunderts war Gußeisen ein beliebtes Material, das zugleich den baulichen Anforderungen nach einer massiven Treppenanlage Rechnung trug. Heute lassen sich nur noch wenige Beispiele solcher Aufgänge finden.

1756, drei Jahre nach Errichtung des Vorderhauses, entstanden mit dem linken Seitenflügel und dem Quergebäude bereits die ersten massiven Hofbauten. Um 1780 wurde der rechte Seitenflügel erbaut, so daß die Anlage nun von vier Seiten, ähnlich einem Gehöft, umschlossen war. Wohl von Anfang an beherbergten die hinteren Gebäude Wohnungen und Werkstätten. Die rundbogige Durchfahrt des Querhauses führte in den heute nicht mehr erhaltenen zweiten Hof, dem sich das Gartengelände anschloß. Es reichte bis zum Festungsgraben, der damit, praktisch genug, die Möglichkeit zur Bewässerung und zum Wäsche waschen bot.

Gartenflächen gehörten in der Entstehungszeit der Spandauer Vorstadt zu jedem Grundstück. Das, was hier angebaut wurde, besserte das Familienbudget auf. In Notzeiten oder bei landesweiten Mißernten konnte außerdem auf den eigenen Vorrat zurückgegriffen werden. Die Angehörigen des Hofstaates, denen von der Kurfürstin Sophie Charlotte Grundstücke vor dem Spandauer Tor geschenkt worden waren, hatten darüber hinaus für das auf ihren Parzellen erzeugte und zum Verkauf angebotene Obst und Gemüse keine Akzise zu zahlen. Es ließ sich damit preiswerter auf die Märkte bringen als die Produkte, die aus dem Umland herangeschafft wurden. So bildeten die Gärten eine lohnenswerte Einnahmequelle. Die ungleiche Behandlung der städtischen und ländlichen Produzenten provozierte allerdings einen jahrewährenden Streit, so daß 1704 von allerhöchster Stelle das Privileg aufgehoben werden mußte.

Auf den meisten Grundstücken blieb der Garten indes bis ins 19. Jahrhundert erhalten. Erst der Bahnanschluß Berlins und die damit besser werdende Versorgung ließen nach und nach die gärtnerische Selbstproduktion entbehrlich werden. Wesentlich mehr war jetzt, bei immer weiter steigenden Bodenpreisen, mit Wohn- oder Gewerbebauten im »Hinterland« des Grundstücks zu verdienen. Ein typisches Beispiel dafür bietet die Bebauung der Oranienburger Straße Nr 5.

Bis zum Jahre 1818 im Besitz des Lederfabrikanten Friedrich Wilhelm Anger ging das Anwesen zunächst durch Erbfolge in die Hände des Sohnes über. 1828, unter dem neuen Eigentümer Sello, wurde das noch heute bestehende Vorderhaus im Rohbau versichert. Zwischen 1843 und 1845, nach erneutem Besitzerwechsel, entstanden die Seitenflügel des ersten Hofes mitsamt dem Quergebäude, die eine schmale rechteckige Grundfläche umschließen. In seiner bedrückenden Enge erinnert der Hof an Baulichkeiten, wie sie in den innerstädtischen Quartieren, etwa am Krögel, zu finden gewesen waren. Bezeichnend war die relativ breite soziale Fächerung der Bewohnerschaft. Das Adreßbuch von 1836 verzeichnet – neben dem neuen Besitzer Schall – folgende Wohn- und Gewerbemieter im Haus:

Bolzani	Conditor
Deutschmann	Zuckersieder
Fagat	Gutsbesitzer Witwe
Haak	Schneider
Hammer	Schuhmacher
Karschelitz	Kaufmann
Mietke	Zuckersieder
Pesch	Kanzlei Inspektor Witwe
Rosinow	Schneider
Schall	Oberamtmann
Schievelbein	Tischler
Schlesinger	Lackirfabrikant
Windelschaffer	Viktualienhändler Witwe

Das Miteinander von Wohnen und Arbeiten dürfte auch hier nicht nur auf die Erdgeschoßbereiche beschränkt gewesen sein. Wurden doch selbst Wohnungen, und zwar weit bis in unser Jahrhundert hinein, von Kleingewerbetreibenden und Heimarbeiterinnen zu Produktionsstätten umfunktioniert. Mithin genügte, wie auch in diesem Fall, ein Hof, der nicht viel mehr zu gewährleisten hatte als den Zugang zu den Hintergbäuden. Für ausreichende Licht- und Belüftungsverhältnisse wurde, soweit es keine feuerpolizeilichen Bestimmungen verletzte, nur selten Sorge getragen.

Theodor Fontane, der 1835 als Sechzehnjähriger ins Viertel gezogen war, schilderte später in seinem Roman »Stine« einen dieser typischen Höfe: »Nummer 27a war das dritte Haus von der Ecke: fünf Fenster Front, drei Stock und eine kleine Mansarde. Der Wirt, ein Kupferschmied, hatte den Hof in eine halb offene Werkstatt verwandelt, in der nun, den ganzen Tag über, auf oft zweimannshohen Braukesseln herumgehämmert wurde, bei welchem Gedröhn und Gehämmre Wanda ihre Rollen lernte. Es tat ihr nichts, ja sie hätte nirgends lieber wohnen mögen, und der Kupferschmiedgeselle, der auf der obersten Kesselrundung oft stundenlang herumritt und sich dabei in platonischer Liebe (der einzigen, die Wanda so klei-

Baugeschehen in der Oranienburger Straße Nr. 4/5

nen Leuten gestattete) verzehrte, war jedesmal ihr guter Freund. Ihre von Glasermeister Schlichting abgemietete Wohnung lag nämlich nach dem Hofe hinaus und hatte *hier* ihren eigentlichen Auf- und Eingang. Hier befand sich denn auch ihre Klingel und ihre Karte: ›Wanda Grützmacher, Schauspielerin am Nordend-Theater.‹« [3]

Obwohl Fontane einen Hof in der Tieckstraße beschreibt, die zur benachbarten Rosenthaler Vorstadt gehört, kannte er doch als einstiger Bewohner des Viertels die Oranienburger Straße Nr. 5 sehr genau. In dem zitierten Roman erhält Olga von ihrer Mutter, der Witwe Pittelkow, den Auftrag, eine Torte zu holen. Und zwar nirgendwo anders als in der hier befindlichen »Conditorei Bolzani«.

Weniger eng und dunkel präsentiert sich der zweite Hof, da auf eine vierseitige Umbauung verzichtet werden mußte. Die 1853 erlassene Bauordnung forderte nun als Mindestmaß für Höfe jene 5,34 x 5,34 Meter, die dem Wendekreis der

Feuerspritze entsprachen. 1852 hatte der Kaufmann Meyerhoff den an den Alten Jüdischen Friedhof grenzenden Hausbesitz erworben und trieb die unter seinen Vorgängern begonnene »Verdichtung« des Grundstücks weiter voran.

Um 1855 errichtet, sind beide Gebäude des zweiten Hofes – Seitenflügel und Querhaus – mit einem zusätzlichen Geschoß über der Dachtraufe ausgestattet. Ein Haustypus, der sich in Berlin bereits zur Zeit des Barock einiger Beliebtheit erfreut hatte. Friedrich Wilhelm I., der das preußische Heer zu vergrößern begann, hatte mangels Kasernen die Berliner und Potsdamer Hauseigentümer angewiesen, Soldaten aufzunehmen. Für deren kostenlose Unterbringung wurden zumeist die Dachgeschoßräume ausgebaut, weil die sonstigen Wohnungen geldbringend vermietet waren. Giebelstuben und Staffelgeschosse entstanden. Die Möglichkeit, schnell und billig Unterkunft zu schaffen, führte später immer dann zur Wiederentdeckung derartiger Dachaufbauten, wenn Wohnraum knapp wurde. Im Berliner Volksmund hießen diese Räume auch Honigwochen-Wohnungen, weil in ihnen junge Paare erst einmal billig Unterschlupf finden konnten.

Unter dem Eigentümer Meyerhoff stieg bis 1873 die Anzahl der Mietparteien auf einundzwanzig. Was da in Fontanes Roman fast ein wenig verklärt erscheint, wurde mit Lärm-, Schmutz- und Geruchsbelästigungen durch die Betriebe immer mehr zur Zumutung für die Bewohner. Zu den 21 Hauptmietern, die das damalige Adreßbuch angibt, muß auch noch eine entsprechende Anzahl von Familienangehörigen, Untermietern, Firmenmitarbeitern sowie hier und da Schlafburschen hinzugerechnet werden. Als »Schlafburschen« wurden jene bezeichnet, die den Wohnungsinhabern kein Zimmer, sondern nur eine stundenweise genutzte Bettstelle abmieteten. Zur äußeren Enge kam die chronische Überbelegung der Häuser hinzu.

Aus den neunziger Jahren des 19. Jahrhunderts schließlich datiert das schmucklose, in roten Klinkern erbaute Fabrikgebäude des dritten Hofes, mit dem das Gartengelände samt dem letzten Grün, 1875 war immerhin noch ein Weinspalier versichert worden, verlorenging. Hatten sich bis dahin mit Ausnahme der früheren Angerschen Ledermanufaktur und der nachmaligen »Lampen-Lakir-Waaren-Fabrik F.A. Schlesinger & Comp.« eher kleinere Handwerksbetriebe auf dem Grundstück befunden, so konnten nun auch größere Firmen angesiedelt werden. Eine Entwicklung, die, wie schon angedeutet, bezeichnend für die Spandauer Vorstadt war und die jeweiligen Hofareale, sofern sie nur einigermaßen Ausdehnung besaßen, zu reichlich sprudelnden Einnahmequellen machten. Den Tribut in dieser bedrückenden Enge zahlten allemal die Anwohner.

Der Mitte des 19. Jahrhunderts entstammt die eindrucksvolle Wohn- und Gewerbehofanlage in der Oranienburger Straße Nr. 27. Mit seinen im klassizistischen Stil und im Formenkanon der Neorenaissance errichteten Gebäuden gehört der heutige Kunsthof nicht nur zu den wenigen noch vollständig erhaltenen Komplexen, sondern auch zu den stilistisch gehaltvollsten seiner Art. In zeitlicher Nähe zur benachbarten Neuen Synagoge entstanden, dokumentiert er mit dieser noch einmal die bedeutende, durch die Nachfolger Karl Friedrich Schinkels geprägte, Epoche der Berliner Architektur- und Baugeschichte.

Das Grundstück, das zusammen mit den Parzellen Oranienburger Straße Nr. 24, 25 und 26 zum »Schinderberg«, dem Standort des Galgens, gehört hatte, war erst seit dem Ende des 18. Jahrhunderts bebaut worden. Die Flurstücke mochte wohl, nachdem der Galgen verlegt worden war, lange Zeit niemand erwerben. Die Stelle Nr. 25 blieb gänzlich unbebaut; über sie wurde in den sechziger Jahren des 19. Jahrhunderts die Krausnickstraße geführt.

Anfänglich war das Areal nur im hinteren Teil bebaut worden. An der Nordseite befand sich das als Tabagie und Wohnung dienende Gebäude des Eigentümers Michaelis. Als Tabagien wurden die Gastwirtschaften bezeichnet, in denen geraucht werden durfte und Tabak erworben werden konnte.

An der Westseite schlossen sich Kegelhaus und Kegelbahn an. Der obligate Garten reichte bis an die Oranienburger Straße. In den Jahren zwischen 1799 und 1812 verzeichnen die entsprechenden Adreßbücher insgesamt drei Besitzer. Die im Laufe des 19. Jahrhunderts ausufernde Grund- und Bodenspekulation nahm ihren Anfang. Bauliche Veränderungen wurden auf dem Grundstück indes nicht vorgenommen.

Das dreigeschossige Wohnhaus von neun Achsen und mittig angelegter Tordurchfahrt wurde erst 1840 errichtet. Eigentümer inzwischen und Bauherren waren der Kaufmann Ernst Wilhelm Müller und der Kassierer des Königlichen Generalpostamtes Weigel. Es ist heute das älteste Gebäude des Ensembles. Mit der horizontalen Verdachung und Pilasterumrahmung der Fenster, mit Mäanderband, Eierstab und Rankenfries als Gliederungselemente der Schauseite verweist es auf die von der Berliner Bauakademie beeinflußte Fassadenformung. Der über der Durchfahrt befindliche Balkon, ein Meisterwerk des Eisenkunstgusses, wurde nachträglich angebaut. Zur gleichen Zeit wurde die Wohnung im ersten Obergeschoß mit wertvollen Intarsienfußböden, vergoldeten Türen und blattgoldbelegtem Stuck ausgestattet. In den Räumen befindet sich heute das Restaurant Adermann.

Der Balkon, Kuriosum am Rande, war fast zehn Jahre lang eingelagert gewesen. Als zu DDR-Zeiten der Wiederaufbau der Neuen Synagoge beschlossen worden war und Staatschef Erich Honecker sich zum Festakt angesagt hatte, wurde das damals baufällige architektonische Kleinod aus Sicherheitsgründen vorsorglich demontiert und ins Depot verfrachtet. Beliebt war bei ähnlichen Anlässen auch, schadhafte Fassaden mit Kübeln von Farbe zu übertünchen oder einfach hinter eilig aufgerichteten Gerüsten zu verbergen. Das Potemkinsche Dorf ließ grüßen.

Gleichzeitig mit dem Vorderhaus waren 1840 die dreigeschossigen Seitenflügel im vorderen Teil des Hofes entstanden. Ursprünglich ebenfalls ohne eigene Treppen ausgestattet, stellten auch hier Galerien, wie jetzt an der linken Seite,

Kunsthof, Treppe im Seitenflügel

die Verbindung zu den Obergeschossen her. Die im zweiten östlichen Seitenflügel nachträglich eingebaute Spindeltreppe aus Gußeisen, deren Setzstufen aus Mäanderbändern bestehen, gehört zu den schönsten und besterhaltenen Treppenanlagen ihrer Art in Berlin.

Den Hausbesitz hatte 1855 inzwischen der Fabrikant Joseph Tobias Goldberger erworben. Unter ihm als Auftraggeber erhielt der Komplex seine heutige Gestalt. Der zweite östliche Seitenflügel wurde aufgestockt und mit der erwähnten Spindeltreppe ausgestattet. An der Nordwestseite wurde im Formenkanon der Neurenaissance der langgestreckte dreigeschossige Seitenflügel errichtet. In seiner Form an Palazzi erinnernd, verleiht gerade er dem Ensemble ein südländisches Flair. An der nördlichen Grundstücksgrenze entstand 1866 schließlich das Quergebäude, dessen oberste Etage bei einem nochmaligen Umbau als schieferverblendetes Staffelgeschoß ausgeführt wurde. Mit einigen weiteren, hier nicht im Einzelnen aufgezählten, baulichen Ergänzungen war der Hof nun geschlossen umbaut.

Einzelne Dekors (Mäanderband und Rosette), die an der Fassade des Vorderhauses Verwendung fanden, kehren in den Treppenhäusern und Innenräumen wieder. Bei aller Zurückhaltung der Ausschmückung wird ein deutlich gestalterischer Wille sichtbar, der nicht einmal vor dem Pferdestall im Retourflügel halt machte. Rosetten zieren hier die weiß gekachelte Stirnwand. Wie hatte Bettina von Arnim doch über ihren Zeitgenossen Karl Friedrich Schinkel geurteilt? Sie glaube nicht, daß er den Bau des Schauspielhauses am Gendarmenmarkt ganz alleine übernehmen dürfe, denn schon jetzt spreche man davon, daß alles, was er je erfunden habe, viel zu phantastisch sei, und daß er keinen Kuhstall bauen könne, ohne seine Ideale anzubringen.

Wer der oder die Baumeister des heutigen Kunsthofes waren, ist leider unbekannt, da nur noch die Feuerversicherungsakten, nicht aber die Bauunterlagen vorhanden sind. Daß aber ganz im Geist der Zeit geplant und gebaut wurde, belegt nicht zuletzt der besagte Pferdestall. Er wird heute für Skulpturenausstellungen genutzt.

Die sanitären und hygienischen Verhältnisse blieben hingegen noch lange Zeit unzulänglich. 1858 waren in einige der Gebäude zwar schon Wasserleitungen und 1866 Gasleitungen gelegt worden; aber noch 1872 existierten auf dem Hof Asch-, Müll- und Kalkgruben, die Toiletten mithin.

Von 1996 bis 1998 wurde der Komplex im Auftrag der Kunsthof Gesellschaft zur Förderung von Kunst und Kultur mbH restauriert. 1991 gegründet, entwickelte sie die Konzepte zur Wiederbelebung des maroden und nach der Wende von 1989 weitgehend leerstehenden Komplexes. Die Kunsthof GmbH ist heute Eigentümerin des Grundstückes. Für die baulichen Pläne zeichneten Regina Bolck und Rüdiger Reißig vom Berliner Architekturbüro civitas verantwortlich. Denkmalpflegerisches Anliegen war, die erhaltenen Bauteile und Fassadenstrukturen detailgetreu zu rekonstruieren. So wurde vorhandener Putz nicht einfach entfernt, sondern durch »Dübel« befestigt und durch Neuverputz lediglich ergänzt. Der lasurartige, erdfarbene Anstrich, der gewählt wurde, läßt mit seiner Transparenz die »historischen« Brüche im Bauwerk sichtbar werden.

Mit Atelierwohnungen, die über den Atelierbeauftragten der Stadt vergeben wurden, mit Kunstgalerien und Pantomimeschule, Buchhandlung und Ledermanufaktur, Boutiquen und gastronomischen Einrichtungen, wie dem seit 1991 bestehenden Silberstein Café, ist der einstige Wohn- und Gewerbehof inzwischen zu neuem Leben erwacht. Im Hof selber finden, vom Förderkreis Kunsthof Berlin e.V. organisiert, Feste, Konzertaufführungen und Performances statt.

Schon auf das späte 19. Jahrhundert verweisen die Heckmann Höfe in der Oranienburger Straße Nr. 32. Sie gehören ebenso wie der Kunsthof zur Zweitbebauung in der Straße. Nachdem das ursprünglich zweigeschossige Vorderhaus mitsamt Hofbauten abgerissen worden war, entstand 1887/88 die aus fünfgeschossigen Bauten – Vorderhaus, linker und rechter Seitenflügel, Quergebäude – bestehende Anlage. Bauherr war der Großindustrielle Friedrich August Heckmann. Er betrieb Kupferwalzwerke und Schmieden, Firmen des Maschinen- und chemischen Apparatebaues sowie Zucker- und Seifenfabriken. Das in Berlin gegründete Unternehmen besaß Weltruf und hatte Zweigbetriebe im In- und Ausland, so u.a. in Moskau, auf Kuba und im Irak. Das Heckmannufer in Kreuzberg erinnert an den aus Eschwege stammenden Firmengründer Carl Justus Heckmann.

Zum Freundeskreis des Sohnes, Friedrich August Heckmann, zählten die Maler Adolph Menzel, Franz Skarbina und der Schriftsteller Theodor Fontane. Standesgemäß wohnte man allerdings nicht in der Spandauer Vorstadt, sondern im Westen der Stadt. Der Komplex in der Oranienburger Straße diente nur der Vermietung. Wer den engen und bis zur Sanierung (1997/99) wahrlich düsteren ersten Hof betrat, ahnte warum.

Der Plan zur Gesamtanlage der Bauten geht zurück auf die Aßmannschen »Mustergrundrisse«. Landbaumeister Gustav Aßmann, der später Stellvertreter von James Hobrecht wurde, hatte 1862 ein Musterbuch für Architekten unter dem Titel »Grundrisse für städtische Wohngebäude mit Rücksicht auf die für Berlin geltende Bauordnung« veröffentlicht. Die Publikation, in der er die optimale Bebauung für unterschiedlichste Grundstücksgrößen und -formen errechnet hatte, bereitete den massenhaften Mietskasernenbau in Berlin vor. Architekten und Planer der Gründerjahre gingen allerdings weit über dessen Vorgaben hinaus, indem sie dort, wo es die Ausdehnung der Parzellen erlaubte, Mehrhofanlagen errichteten. Das war von Aßmann noch abgelehnt worden.

Die Oranienburger Straße Nr. 32 entspricht weitgehend dem Aßmannschen »Typus eines Mietshauses für größere Mittelwohnungen«. Die beiden durchaus geräumigen Vorderhauswohnungen werden über das Eckzimmer, das sogenannte Berliner Zimmer, in den Seitenflügel hineingeführt. Hier befinden sich die Wirtschaftsräume – Küche und Speisekammer, Toilette und Bad. Die jeweilige Treppe in den Seitenflügeln wurde als Dienstbotenaufgang zu den vorderen Wohnungen und als Zugang zu den Kleinstwohnungen genutzt, die außerdem in den Gebäuden untergebracht sind.

Kleinstwohnungen bestanden ursprünglich aus Küche und Stube. Vor der Jahrhundertwende beherbergten solche Wohnungen im Durchschnitt viereinhalb Personen. Im Kellergeschoß der Seitenflügel, erreichbar vom Hof aus über Kellerhälse, befanden sich die Werkstätten. Das Quergebäude verfügt über ein eigenes Treppenhaus. Die Wohnungen ähneln in ihrem Zuschnitt denen des Vorderhauses, besitzen aber insgesamt kleinere Räume.

Weitläufiger und heller ist der zweite Hof. Auf ihm befinden sich, neben dem einstigen Garagenkomplex und einigen kleineren Remisen, lediglich noch das früher als Pferdestall und Hufschmiede genutzte zweigeschossige Gebäude. Klinkerverblendet und mit einem Pferdekopf aus Sandstein als

Schmuck an der Südfassade verweist es auf die ursprüngliche Nutzung. Es entstand noch vor der Bebauung des ersten Hofes und gehörte zu den Wirtschaftsgebäuden der Holzhandlung, die der vormalige Grundstückseigentümer Koehne betrieb. In den Jahren zwischen 1992 und 1996 wurde die gesamte Anlage mehrmals als Filmkulisse genutzt, u.a. für einen Tatort mit Günter Lamprecht. Zur Auguststraße besteht über Tordurchfahrten und einen weiteren Hof Verbindung. Im einstigen Pferdestall ist heute ein Restaurant zu finden; in den Garagen und Remisen haben sich Geschäfte und Boutiquen angesiedelt. Der Komplex, an die Heckmannschen Erben rückübertragen, wird derzeit saniert.

Ebenfalls im letzten Drittel des 19. Jahrhunderts entstand der Wohn- und Gewerbekomplex Sophienstraße Nr. 21/22. Eigentümer war der Nähmaschinenfabrikant Mehlich. Vor der Jahrhundertwende stellte er die Produktion seines Betriebes um und gründete die erfolgreiche Fahrradketten Aktiengesellschaft. Hatte sich zunächst in den Fabrikgebäuden der insgesamt drei Höfe eine Reihe unterschiedlichster Firmen befunden, so wurde das Unternehmen, neben dem Fuhrgeschäft Martin und einigen Wohnmietern, die z.T. bei Mehlich tätig waren, ab 1917 alleiniger Nutzer des Doppelgrundstückes. Zu DDR-Zeiten wurden auf dem Gelände medizintechnische Geräte hergestellt.

Bald nach der Wende standen die Fabriketagen leer. 1995 erwarben die Kölner Kunstsammler Erika und Rolf Hoffmann den Hausbesitz. Das Ehepaar, das sich nach dem Mauerfall in Ostdeutschland engagieren wollte, hatte ursprünglich vorgehabt, eine Kunsthalle der Moderne gegenüber dem Zwinger in Dresden zu errichten. Der Plan scheiterte. Von Anfang an war aber von den Hoffmanns auch eine Zweigstelle in Berlin geplant gewesen. Nach längerem Suchen fanden sie hier, in der Sophienstraße, einen geeigneten Standort. Die Dependance wurde nun Hauptsitz der Sammlung, die zeitgenössische Arbeiten von Georg Baselitz über Sigmar Polke bis hin zu Gerhart Richter umfaßt. Immer samstags können Kunstinter-

Sophie-Gips-Höfe, Eingang Gipsstraße

essierte nach Voranmeldung an Führungen durch die Räume teilnehmen.

Die Grundstruktur des Fabrikkomplexes wurde bei der Sanierung nicht verändert. Ziel war es, sowohl die Gebäude in ihrer Substanz zu erhalten als auch die über einhundertzwanzigjährige Geschichte des Komplexes nicht zu verleugnen. Ältere Farb- und Putzschichten wie auch Granatsplittereinschläge aus dem Zweiten Weltkrieg wurden belassen, wenn sie das Bauwerk bzw. dessen Nutzungskonzept nicht beeinträchtigten. Der zweite, überaus eng bebaute Hof wurde nicht entkernt. Den Mangel an Tageslicht nahm man in Kauf, um die ursprüngliche Form nicht zu zerstören.

Erhalten blieb ebenso die einstige Entresolwohnung im Durchgang des zweiten Quergebäudes. Entresolwohnungen, in die Tordurchfahrten mittels Zwischendecke eingebaut, gehörten im Berlin des 19. Jahrhunderts zu den schlimmsten Behausungen. Fußkalt und mit so niedrigen Räumen ausgestattet, daß deren Bewohner oftmals nicht aufrecht stehen konnten, galt insbesondere für sie das Wort von Heinrich Zille, daß man Menschen mit einer Wohnung genauso erschlagen könne wie mit einer Axt. In diesen Zwischengeschossen wurden früher zumeist das Hausmeisterehepaar oder die Concierge untergebracht.

Neu sind die aus Aluminiumprofilen und Glas bestehenden Dachaufbauten, die heute die Kunstsammlung beherbergen. Nach dem Krieg waren die Dächer der Fabrikgebäude zerstört und brauchten, nachdem sie zu DDR-Zeiten nur notdürftig repariert worden waren, nicht mehr in der ursprünglichen Gestalt wiederaufgebaut zu werden. Das helle Dachgeschoß gewährt einen Rundumblick über das Viertel. Zum Greifen nahe der barocke Turm der Sophienkirche. Der Kontrast zu den historischen Bauten wurde bewußt gesucht und ist nicht unumstritten.

Das Gesamtkonzept dürfte dennoch zu den schlüssigsten gehören, die in den letzten Jahren in der Spandauer Vorstadt realisiert worden sind. Den einst für »Unbefugte« verschlossenen Fabrikkomplex haben die Hoffmanns zusätzlich von Künstlern ausgestalten und somit zum Stadtraum hin öffnen lassen. In den Tordurchfahrten sind Lichtinstallationen von Gunda Förster angebracht worden. Im ersten Hof empfängt die Besucher eine aus Antonymen bestehende Arbeit des Konzeptkünstlers Thomas Locher. Im dritten Hof, der auf die parallele Gipsstraße zuführt, befinden sich über der Tiefgarage eine Rasenskulptur der polnischen Künstlerin Teresa Murak und am Dachgeschoß des Quergebäudes eine Installation des amerikanischen Künstlers Lawrence Weiner. Hatte Schinkel den Öffentlichkeitscharakter seines Museum am Lustgarten mit einer Säulenvorhalle deutlich zu machen versucht, so hier die Hoffmanns mit ganz anderen, aber ebenfalls wirksamen Mitteln. Ein neues Wohnhaus an der Gipsstraße (Architekten: Becker, Gewers, Kühn & Kühn) – das Areal war nach den Kriegszerstörungen unbebaut geblieben – ergänzt das Ensemble der heutigen Sophie-Gips-Höfe.

Das Miteinander von Wohnen und Arbeiten, seit den Gründerjahren hier praktiziert, wurde wiederbelebt. In die Erdgeschoßbereiche zogen vorrangig Firmen und Institutionen (u.a. Jazzradio Berlin), die in den Bereichen Medien und Kultur tätig sind. Gastronomische Einrichtungen sorgen darüber hinaus für das leibliche Wohl.

Ins 20. Jahrhundert schließlich führen die Hackeschen Höfe, die 1906 auf den ehemals drei separaten Grundstücken Rosenthaler Straße Nr. 40/41 und Sophienstraße Nr. 6 errichtet wurden. Seit ihrer detailgetreuen Rekonstruktion in den Jahren 1994 bis 1996, die im Auftrag der Unternehmensgruppe Roland Ernst und Behne Immobilien vorgenommen wurde, hat sich Deutschlands größte Wohn- und Gewerbehofanlage wieder international ins Gespräch gebracht. Artikel und Aufsätze, Bücher und Broschüren sind inzwischen erschienen; umso mehr verwundert es, daß die Geschichte der Vorbebauung noch immer völlig unbekannt ist. Sie aber steht noch einmal ausdrücklich für jene Entwicklung, die an den vorangegangenen Beispielen von Hofanlagen aufzuzeigen versucht wurde.

Für das Flurstück Rosenthaler Straße Nr. 40 stammt der erste Eintrag in der »Acta des Königlichen Polizei-Präsidii zu Berlin« aus dem Jahre 1752. Ein Monsieur Daronet erwarb den Hausbesitz von dem Regiments-Chirurgen Cobelang. Damit muß die Parzelle schon unmittelbar nach 1750, dem Abbruch der Festungsmauer und dem Entstehen des Hackeschen Marktes, bebaut worden sein. Über das Aussehen und die Anzahl der Gebäude auf dem Grundstück ist aus der Akte nichts zu erfahren. Das Vorderhaus war offenbar mit Erdgeschoß und einem Obergeschoß ausgestattet, wie spätere Umbaupläne erkennen lassen. Im Hof werden sich die Toiletten, der Brunnen und die Wirtschaftsbauten befunden haben.

Mit Eintrag vom 19. Februar 1777 war Marie Louise Beyer neue Eigentümerin geworden. Grund und Aufriß zum Bau eines massiven Pferdestalles sowie die Zeichnung zur Errichtung einer Wagenremise sind unter dem Jahr 1796 in der Akte dokumentiert. Größere bauliche Veränderungen begannen jedoch erst im 19. Jahrhundert. 1802 hatte zunächst der Kaufmann Venske und 1810 der Restaurateur Beyroth den Hausbesitz übernommen. 1832 kaufte Friedrich Julius Wilhelm Miether das Grundstück, auf dem er eine »Destillir-Anstalt« etablierte. Und 1848 schließlich erwarb der Rentier Abraham Justin Schaeffer das Anwesen.

Der relativ rasche Eigentümerwechsel verweist noch einmal auf die schon angesprochene Grundstücksspekulation, die im 19. Jahrhundert mit dem wachsenden Bedarf an Wohn- und Gewerberaum und dem damit verbundenen Anstieg der Bodenpreise drastische Formen anzunehmen begann. In Berlin stieg die Zahl der Einwohner von 172.132 im Jahr 1800 auf 418.733 im Jahr 1850. Während die Bewohnerzahl knapp um das zweieinhalbfache wuchs, stieg der Wert der Grundstücke in dieser Zeit teilweise um das Fünf- und Sechsfache, wie sich aus den entsprechenden Versicherungsakten belegen läßt.

Erinnert sei noch einmal an die Oranienburger Straße Nr. 27. Im Jahre 1800 war der Gesamtbesitz mit 7.650 Reichstalern versichert worden; 1840 betrug der Wert bereits 36.992 Reichstaler. 1872, nachdem Berlin zur Reichshauptstadt aufgestiegen war, wurden als Hauptversicherungssumme schon 117.025 Reichstaler angesetzt. Das entsprach innerhalb von siebzig Jahren einer Steigerung des Wertes um mehr als das Fünfzehnfache.

Daß mit Schaeffer 1848 ein Rentier Eigentümer der Rosenthaler Straße Nr. 40 wurde, war durchaus bezeichnend für diese Entwicklung. Die Häuser warfen nun genug Gewinn ab, um allein von den Mieteinnahmen leben zu können. Insbesondere unter den Besitzern Miether und Schaeffer wurde das Grundstück immer weiter bebaut. Es entstanden hinter dem Vorderhaus jeweils zwei Seitenflügel an der rechten und linken Seite und eine Kupferschmiedewerkstatt (auch hier hätte sich Theodor Fontane Anregungen für seine Hofschilderung holen können). Von 1848 liegen Pläne für die Aufstockung sowohl des Vorderhauses als auch der Seitenflügel vor. 1858 wurde zusätzlich im ersten Seitenflügel (rechts) die Dachetage ausgebaut. Zeichnungen von 1859 verweisen auf den Bau eines weiteren Seitenflügels und eines Quergebäudes. 1861 wurden Bodenkammern in einigen der Seitenflügel eingerichtet.

1864 erwarb der Kaufmann Quilitz das Grundstück. Der Ausbau schritt weiter voran. Die vormaligen Hofgebäude wurden abgebrochen und neu gebaut. 1867 erhielt das Wohn- und Geschäftshaus an der Straße eine weitere Etage, so daß es nun viergeschossig war. Gleichzeitig wurde ein Treppenturm angebaut, um im Vorderhaus mehr Raum zu gewinnen. Treppentürme, rund oder polygonal, finden sich aus dieser Zeit noch häufig in der Spandauer Vorstadt, so u.a. in dem in den sechziger Jahren des 19. Jahrhunderts umgebauten Vorderhaus Neue Promenade Nr. 5 oder in dem 1872 errichteten Eckhaus Tucholskystraße Nr. 34.

Quilitz ließ den Turm mit einer freitragenden massiven Marmortreppe ausstatten. Mit der Ausführung wurden der Maurermeister Heydemann und der Zimmermeister Holland betraut. Das repräsentative Gepräge entsprach dem Rang der Firma Warmbrunn, Quilitz & Co., die nicht nur Hoflieferant war, sondern für ihre chemischen und pharmazeutischen Apparate auch internationale Geschäftsbeziehungen unterhielt. Firmensitz waren Berlin und London. Wer auf dem Grundstück Wohnmieter war, dürfte in all den Jahren freilich wenig Ruhe und Behaglichkeit genossen haben. Die teilweise sogar umfangreichen baulichen Aktivitäten ließen nicht nach. Es folgten:

1869 teilweise Hofunterkellerung
1870 Ausbau des Gerätehauses
1877 Errichtung des Fahrstuhls für die Speicheranlage
1878 Bau eines Gewächshauses
1887 Brand in der Dachetage des Vorderhauses und im linken Seitenflügel (Wiederaufbau)
1889 abermaliges Feuer im Seitenflügel
1890 Installation von Blitzableitern

1893 Feuer im Vorderhaus
1898 Ausbau des Quergebäudes für die Badeanstalt Höhne

Wenn auch noch ein Teil des Gartens erhalten geblieben war, zeigen die entsprechenden Pläne doch, wie eng es auf dem aus inzwischen drei Höfen bestehenden Grundstück zuging. Die Brände belegen darüber hinaus, daß man sich wohl eher selten an die baupolizeilichen Auflagen gehalten und sich stattdessen immer wieder mit Provisorien begnügt hatte.

Als 1904/05 mit dem Komplettabriß begonnen wurde, dürften die einzelnen Gebäude entsprechend heruntergewirtschaftet gewesen sein. Neue Eigentümerin war inzwischen die Erbengemeinschaft Quilitz geworden. Sie kaufte 1902 die Sophienstraße Nr. 6 und 1906 die Rosenthaler Straße Nr. 41 hinzu. Beide Grundstücke hatten seit dem 18. bzw. 19. Jahrhundert eine ähnliche Entwicklung wie die oben beschriebene durchlaufen – bis hin zur Duplizität der Brände. Die Sophienstraße Nr. 6 wird 1757 erstmals in den Regesten erwähnt. Die Rosenthaler Straße Nr. 41 erscheint 1823 in den Akten. Die Bebauung des Flurstückes begann aber wohl ebenfalls schon ab 1750/60. Mit der erstmaligen Erwähnung 1823 ist zugleich die Rede vom Abriß eines bereits bestehenden Hauses.

Nachdem die Quilitzschen Erben auch auf den neu erworbenen Grundstücken die Vorbebauung komplett hatten abbrechen lassen, entstand 1906 in ihrem Auftrag die heutige Anlage der Hackeschen Höfe. Für die Gesamtplanung des Komplexes wird in Publikationen immer wieder Johann Hoeninger genannt. Belegt werden kann dessen Name in diesem Zusammenhang nicht, da die Bauunterlagen verlorengegangen sind. Für die Ausführung zeichnete indes Kurt Berndt verantwortlich. Von ihm erging der Auftrag zur Gestaltung des ersten Hofes (Schauseiten mitsamt einiger Innenräume) an August Endell.

Die Hackeschen Höfe sind mit ihrer Ausstattung nicht das einzige Beispiel für den Jugendstil im Viertel, aber das bedeutendste. Während andere Architekten dieser Zeit sich mit der

Blick auf die Neuen Hackeschen Höfe

reinen Ausschmückung eines Gebäudes begnügten, griff Endells Gestaltung, die »dem Begriff eines bewegten Raumes verpflichtet« ist, nachhaltiger in den Baukörper ein.

»Diese Feststellung ist wichtig, weil man nur dann die eigentümlichen Formen und optischen Effekte, die Endell einsetzte, richtig versteht. Wer allein aus der etwas sparsameren Verwendung vegetabilischen Ornamentes und der Bevorzugung geometrischer Fassadenmusterung ableitet, daß Endell mit diesem Bau die ›eigentliche Jugendstilphase überwunden‹ habe, verkennt das Bezugssystem, innerhalb dessen Endell dachte und entwarf ...

Seine Versuche, die Wand gleichsam in Raum aufzulösen, ihre wiewohl weitgehend traditionelle Gliederung gänzlich in den Dienst einer optischen Bewegung des Raumes zu stellen, eines Raumes zudem, dessen tatsächliche Grenzen durch das starre Korsett des Hofes vorgegeben waren, gehören in den unmittelbaren Zusammenhang ähnlicher zeitgenössischer Bestrebungen, die kurze Zeit später in Futurismus und Expressionismus gipfelten.« [4]

Zum Vergleich läßt sich das 1908 von Fedor Feit im zweiten Hof der Linienstraße Nr. 150 errichtete Gebäude heranziehen. Die für den Jugendstil typischen floralen Dekorelemente, »verschönern« hier die Fassade, verändern sie aber nicht in dem oben beschriebenen Sinn.

August Endell, 1871 als Sohn eines Berliner Oberbaudirektors geboren, studierte 1891 kurze Zeit in Tübingen Philosophie und Mathematik und siedelte ein Jahr später nach München über, wo er sich dem Studium der Ästhetik und Psychologie widmete. 1896 wurde er mit der Ausstattung des Foto-Ateliers Elvira in München betraut. Die Fassade, die er mit völlig frei entwickelten Ornamenten ausstattete, löste einen Architekturskandal aus. 1904 gründete er die »Schule für Formenkunst«. In der 1908 erschienen Schrift »Die Schönheit der großen Stadt« formulierte er sein künstlerisches Credo. Seit 1918 war er Direktor der Breslauer Akademie für Kunst und Kunstgewerbe. Er starb im Jahre 1925.

Über die Hackeschen Höfe ist in den letzten Jahren soviel geschrieben worden, daß an dieser Stelle nur noch auf einen wesentlichen Aspekt hingewiesen werden soll. Beispielhaft verbanden sich hier von Anfang an Tradition und Moderne. Die neobarocke Fassade zur Rosenthaler Straße hin, die leider zu DDR-Zeiten in Neubaumanier »weg«geputzt wurde und nach der Rekonstruktion in modernen Formen gestaltet wurde, kontrastierte spannungsvoll mit den Baukörpern, die in der damals beginnenden Skelett- und Rasterbauweise errichtet worden waren. Der Historismus blieb in dem Fall kein bloßes Stilzitat, sondern verwies auf die Ursprünge – die barocke Bebauung, die es seit 1750 rund um den Hackeschen Markt gegeben hatte und die noch heute durch einige benachbarte Häuser dokumentiert wird.

Gleichzeitig fand in den Höfen das traditionelle Miteinander von Wohnen und Gewerbe eine Weiterführung. Dem Bauorganismus entsprach klar die Zweckbestimmung. Damit sich die Funktionen jedoch nicht mehr derart bedrängten und in die Quere kamen, wie es in der Vorbebauung üblich gewesen war, wurden nun die Wohn- und Gewerbemieter getrennt nach Höfen untergebracht.

Je nach Funktion, ob Wohn-, Geschäfts- oder Fabrikhof, erhielten die Gebäude ihre gestalterische Fassadenkennung. Die Fassaden des ersten, des öffentlichen, Hofes wurden aufwendig mit farbigen Glasursteinen verblendet. Für die Fabrikgebäude waren – ganz im Stil der Gewerbehofarchitektur um die Jahrhundertwende – weiße Spaltklinker gewählt worden. Die Wohnhäuser wurden mit Putzfassaden ausgestattet und durch Balkons und Loggien gegliedert. Zentralheizung, eigener Stromgenerator, Aufzüge, Innentoiletten und Bäder ließen schon 1906 auch in Fragen des Komforts keine Wünsche offen.

Die Mischung aus Wohnen, Gewerbe und industrieller Produktion bestand in den Hackeschen Höfen bis zur Wende von 1989. Noch bis zum Beginn der Rekonstruktionsarbeiten war der Kühlanlagenbau Dresden auf dem Areal ansässig. Die heutige Kulturhofkonzeption wurde nach 1990 vom Verein Hackesche Höfe e.V. entwickelt und von den Eigentümern in wesentlichen Punkten weitergeführt.

Noch vor dem Ersten Weltkrieg setzten Tendenzen ein, die Funktionen Wohnen und Arbeiten gänzlich zu trennen. So entstand 1912 im Auftrag der Metropol-Theater AG ein »reiner« Geschäfts- und Gewerbekomplex mit insgesamt drei Höfen in der Neuen Schönhauser Straße Nr. 20. Für die Bauausführung zeichnete wiederum Kurt Berndt verantwortlich. Während die Schauseite mit neoklassizistischen Schmuckelementen ausgestattet wurde, erhielten die Hoffassaden auch hier eine weiße Glasursteinverblendung, die die Funktion der Gebäude klar hervortreten läßt.

In den Erdgeschoßräumen des Vorderhauses befand sich in den zwanziger Jahren das Lokal von Wilhelm Reese. In seinen »Nächten in Kaschemmen« beschrieb es der österreichische Erzähler Joseph Roth.

Große Hamburger Straße Nr. 14/15, »The Missing House«

Zusammen mit der benachbarten Münzstraße hatte die Neue Schönhauser Straße, dicht am alten Scheunenviertel gelegen, als Unterweltbezirk und Rotlichtmeile einen herzlich schlechten Ruf. Der damals noch unbekannte Schriftsteller Joseph Roth verdiente sich mit Feuilletons und Reportagen über die Berliner »Szene« seine ersten journalistischen Sporen. Was er beschrieb, war eine nach dem Ersten Weltkrieg aus den Fugen geratene Welt. Jene noch vor 1914 unternommenen Versuche, das Viertel mit repräsentativen Bauten auszustatten und auf diese Weise wieder aufzuwerten, hatten infolge der wirtschaftlich desolaten Nachkriegszeit wenig Erfolg.

Ebenfalls noch vor dem Ersten Weltkrieg war die Wohnanlage Große Hamburger Straße 14/15 erbaut worden. In ihrer Gestaltung finden sich Anklänge an den seit dem späten 19. Jahrhundert entwickelten Reformwohnungsbau. Ursprünglich mit zwei Höfen ausgestattet, war nur der zweite ein echter Hinterhof, der erste hingegen ein Vorhof, der sich zur Straße öffnet. Hell und begrünt, war der Hofkomplex von Anfang an als Gegenentwurf zu den berüchtigten, dunklen Berliner Hofanlagen aus der Zeit vor der Jahrhundertwende konzipiert worden.

Im Zweiten Weltkrieg wurde das Quergebäude ausgebombt und die Ruine später abgetragen. An den Brandmauern der unzerstörten Gebäudeteile ist seit 1990 ein schlichtes, aber desto eindrucksvolleres Mahnmal zu entdecken: Tafeln mit den Namen, Berufen und Wohndaten ehemaliger Mieter. Geschaffen wurde es innerhalb eines Gesamtberliner Ausstellungsprojektes von dem französischen Künstler Christian Boltanski. Er gab seinem Beitrag den Namen »The Missing House«. Die Tafeln, die eigentlich nur für einen befristeten Zeitraum angebracht worden waren, erregten soviel nachdenkliche Aufmerksamkeit, daß man sich entschloß, sie nicht zu entfernen. Auch nach der inzwischen erfolgten Sanierung der Häuser sind sie dankenswerter Weise erhalten geblieben.

Mit dem 1. Dezember 1925, als die neue Bauordnung in

Kraft trat, die es untersagt Mietskasernen mit Hinterhöfen zu errichten, endete das Berliner Kapitel der »kleinparzelligen Überbauung«. Neue Grundriß- und Bebauungslösungen wurden gefunden. Mit der sogenannten Blockrandbebauung entstanden die großen Innenhofanlagen. Daß sie ein ganz anderes Problem schufen, nämlich das der Anonymität, in der sich die Bewohner von Großanlagen immer fremder wurden, scheint erst seit wenigen Jahren ins öffentliche Bewußtsein gedrungen zu sein.

Jüdisches Gymnasium, Große Hamburger Straße Nr. 27

Architekt(o)ur

Die Vielfalt der Bauaufgaben, die sich seit dem 18. Jahrhundert in der beständig wachsenden Spandauer Vorstadt stellten, wurde von einer Reihe namhafter Baumeister als Herausforderung angenommen. Johann Friedrich Nilsson Eosander von Göthe gehörte zu den ersten bedeutenden Architekten, die in dem vor dem Stadttor gelegenen Viertel tätig wurden.

Als Sohn eines schwedischen Militärbaumeisters 1669 in Stralsund geboren, trat er 1699 als Hofarchitekt in brandenburgische Dienste. 1707 erfolgte seine Ernennung zum Schloßbaumeister und 1709 zum Ersten Baudirektor. In dieser Funktion hatte er die Aufsicht über den Bau von mehr als zwanzig Schlössern. Zu ihnen zählte das auf dem einstigen kurfürstlichen Meiereigelände (Monbijoupark) errichtete Lusthaus für den Reichsgrafen Kolbe von Wartenberg. Es bildete nach den späteren Umbauten den siebenachsigen Mitteltrakt des Schlosses Monbijou. Ein anderes von Eosander errichtetes Gebäude befand sich auf dem heutigen Grundstück Albrechtstraße Nr. 10. Im Auftrag des Königlich preußischen Gouverneurs von Berlin, Alexander Hermann Graf von Wartensleben, entstanden, diente es in dessen Garten als Pavillon. Eosander, schärfster Konkurrent von Andreas Schlüter, galt als Mittler zwischen französischer und römischer Barockarchitektur.

Sowohl das Schloß Monbijou als auch der Wartenslebensche Gartenpavillon wurden im Zweiten Weltkrieg zerstört. In Berlins Mitte ist von Eosander lediglich noch ein bauliches Fragment erhalten geblieben: das Portal IV des Stadtschlosses, das in die Fassade des zu DDR-Zeiten errichteten Staatsratsgebäudes eingefügt wurde. Nachdem Eosander 1713 wegen Veruntreuung von wichtigen Unterlagen und Plänen in Unehren aus preußischen Diensten entlassen worden war (ein 1718 gegen ihn angestrengter Prozeß verlief allerdings ergebnislos), fand er 1722 in Sachsen eine neue Anstellung. Er starb 1728 oder 1729 in Dresden.

Mit Johann Friedrich Grael wurde ein weiterer namhafter Barockbaumeister in der Spandauer Vorstadt tätig. 1732 (anderen Angaben zufolge schon 1729) wurde er von König Friedrich Wilhelm I. mit dem Bau des Sophienkirchturmes beauftragt. Zu diesem Zeitpunkt hatte Grael bereits eine steile Karriere hinter sich.

1707 im brandenburgischen Quilitz geboren, lernte er die Grundlagen der Baukunst bei Martin Heinrich Böhme, dem Nachfolger Eosanders im Amt des Schloßbaumeisters. Als Böhme 1725 starb, wurde Grael, noch nicht zwanzigjährig, in das Amt des Hofbaumeisters berufen. Friedrich Wilhelm I. hatte zwar weitgehend alle Pläne seines Vaters, die den repräsentativen Ausbau Berlins betrafen, stoppen lassen, stellte aber für den Bau von Türmen großzügig Gelder zur Verfügung. Zum Studium des Turmbaus – der Einsturz von Schlüters Münzturm am Schloßplatz war noch in frischer Erinnerung – wurde der junge Grael im königlichen Auftrag u.a. nach Straßburg, Frankfurt am Main und Dresden geschickt. Nach seinen Entwürfen und z.T. unter seiner Leitung entstanden ab Ende der zwanziger Jahre der Heiliggeistkirchturm in Potsdam sowie die Türme der Petrikirche und der Sophienkirche.

Die Sophienkirche besitzt heute den einzigen erhaltenen Barockturm Berlins. Er mißt fast siebzig Meter und war bis ins 19. Jahrhundert hinein das dominierende Bauwerk im Viertel. Insbesondere in der Gestaltung der Glockengeschosse folgte er seinem Vorbild, dem eingestürzten Münzturm. Der ursprünglich auf einem quadratischen Grundriß angelegte Unterbau wird im zweiten und dritten Geschoß durch Wandvorlagen zusammengefaßt. Den Abschluß bildet ein sich ver-

Sophienkirche von Westen

kröpfendes Gesims samt Eisenbrüstung, die anstelle der einstigen Steinbalustrade erst im 19. Jahrhundert angebracht wurde. Darüber erheben sich die zwei Glockengeschosse. Am unteren Geschoß befinden sich in den Ecken jeweils Freisäulen. Links und rechts der rundbogigen Schallöffnungen steht zusätzlich, den Giebel tragend, ein gleichartiges Säulenpaar – die Aedikula. Das Säulenpaarmotiv wird im sich weiter verjüngenden zweiten Glockengeschoß variiert und läßt die oberen Etagen des Turmes »gerundet« erscheinen. Auf größeren plastischen Dekor verzichtend, gelang es Grael überzeugend, die Baumasse architektonisch-gestalterisch zu bewältigen. Bekrönt wird der Turm von einer kupferverkleideten, reich geschwungenen Haube, deren Spitze ein Obelisk und die vergoldete Himmelskugel (weltliche und göttliche Macht) bilden.

Umgeben wird die Sophienkirche bis heute vom alten Kirchhof. Auf ihm wurden im 18./19. Jahrhundert prominente Berliner Persönlichkeiten wie der Königliche Kriegs- und Domänenrat Johann August Buchholtz, er verwaltete unter Friedrich II. die Staatsfinanzen, der Übersetzer und Odendichter Carl Wilhelm Ramler, die Dichterin Anna Louise Karschin sowie der Historiker Leopold von Ranke beigesetzt.

Der nach Entwürfen von Johann Friedrich Grael in Angriff genommene Bau des Petrikirchturms ging im Gegensatz zu dem der Sophienkirche weniger erfolgreich aus. Er war das ehrgeizigste Projekt des Königs gewesen und sollte den Turm von Sophien bei weitem – um 40 Meter – überragen. Halbfertig stürzte er unter der Bauleitung von Gerlach jedoch am 28. August 1734 ein. Graels Karriere nahm ein jähes Ende. Für einige Tage sogar inhaftiert, kam er nur dadurch frei, daß ihm keinerlei Fehler bei den statischen Berechnungen nachzuweisen waren. Dennoch erfolgte die Ausweisung aus Berlin. Preußens Baumeister lebten gefährlich. In Bayreuth, wo er vierunddreißigjährig starb, hatte er von 1736–40 zuletzt ein Unterkommen als Baudirektor gefunden.

Zu den Vertretern des Spätbarock in Berlin gehört der Gontard-Schüler Georg Christian Unger. Er wurde 1743 in Bayreuth geboren und arbeitete seit 1763 als Baukondukteur (ab 1775 im Direktorat des Baucomptoirs) in Potsdam. 1781 siedelte er nach Berlin über und wurde im Jahre 1788 Direktor der Immediatbaukommission. Zu seinen repräsentativen Werken zählt die Königliche Bibliothek am Opernplatz, die 1775/80 im Auftrag Friedrich II. erbaut wurde. Auch das Hamburger und das Rosenthaler Tor (Entwurf: Carl Philipp Christian von Gontard), die 1867/68 zusammen mit der Zoll- und

Akzisemauer abgebrochen wurden, waren nach Plänen bzw. unter der Leitung Ungers erbaut worden.

Unter seiner Verantwortung entstanden darüber hinaus etliche Wohnhäuser am späteren Alexanderplatz, am Gendarmenmarkt und am Hackeschen Markt. Davon erhaltengebliebenist nur noch das (vermutlich) nach seinem Entwurf um 1787 erbaute Vorderhaus Neue Schönhauser Straße Nr. 8. Bauherr und Eigentümer war der Knopflieferant Mollard.

Das dreigeschossige Gebäude von sieben Achsen hat eine Putzfassade und ist über den rundbogigen Erdgeschoßfenstern mit Girlanden und weiblichen Köpfen geschmückt. Den Bogen der Tordurchfahrt beschließt eine Draperie. Die Fenster des ersten Obergeschosses sind mit waagerechten, von Konsolen gestützten Verdachungen versehen. Die schlichten Umrahmungen der kleineren Fenster im zweiten Obergeschoß bestehen aus Ohrenfaschen. Fast scheint es, als nähme der insgesamt sehr zurückhaltende Fassadenschmuck bereits Formen des Klassizismus vorweg.

Im Inneren des Hauses ist die ursprüngliche Treppenanlage vorhanden. Das Geländer der kreisförmigen Treppe wirkt in seiner klaren Linienführung leicht und elegant. Im Hof befinden sich rechts und links dreigeschossige Seitenflügel, die entweder gleichzeitig mit dem Vorderhaus oder nur wenig später errichtet wurden. Die hier nachträglich eingebauten Treppen stammen aus den zwanziger bzw. vierziger Jahren des 19. Jahrhunderts. Der rechte Seitenflügel verfügt über ein selten gewordenes Bohlenbinderdach. Das Werkstattgebäude, das an der nördlichen Grundstücksgrenze die Anlage abschloß, ist leider nicht mehr erhalten.

Auf dem Grundstück ist der Altberliner Verlag, der sich mit Kinder- und Jugendbüchern einen Namen gemacht hat, ansässig. In seinem Auftrag wurde der Komplex inzwischen restauriert.

Aus den Jahren 1781 bzw. 1787 datieren zwei weitere Wohnhäuser am Hackeschen Markt. Es sind die Gebäude Rosenthaler Straße Nr. 36 und Nr. 37. Ersteres wurde im Auftrag des königlichen Hofrates Kartzig, das zweite auf Kosten König Friedrich Wilhelm II. für den Schmiedemeister Treppens errichtet. Beide Vorderhäuser erfuhren im Laufe der Zeit nachhaltige bauliche Veränderungen. Erhalten sind noch die künstlerisch und handwerklich bemerkenswerten Treppenanlagen aus der Entstehungszeit. In Nr. 36 findet sich eine Treppe mit ovalem Auge, die mit einem schmiedeeisernen Rokokogeländer versehen ist. In Nr. 37 ist die Treppe wiederum um ein rundes Auge gelegt. »Das einzige überlieferte Geländer dieser Art im alten Berliner Stadtgebiet besteht aus kräftigen Brettbalustern, die entsprechend der Steigung ausgeformt sind. Im Detail beweist sich die feine plastische Ausformung ausgewogener geometrischer Gliederungen an der Wange und den geschnitzten Geländerformen.« [5] Als Wange wird das zwischen die Podeste gespannte Konstruktionsteil bezeichnet, das die Treppe trägt.

Viele der barocken Bauten wurden im 19. Jahrhundert bis zur Unkenntlichkeit umgebaut und aufgestockt oder gänzlich abgerissen. Dafür war sicherlich nicht allein die steigende Nachfrage nach Wohn- und Gewerberaum verantwortlich. Die folgenden Generationen von Architekten blickten zumeist verächtlich auf das Erbe zurück. Karl Friedrich Schinkel, der die ersten denkmalpflegerischen Grundsätze in Preußen formulierte, die glücklicherweise nicht in den Rang von Gesetzen erhoben wurden, lehnte den Barock rundweg ab. Daß nicht alles der Spitzhacke geopfert wurde, ist jedenfalls nicht ihm, Berlins wichtigstem Baumeister, zu verdanken.

Aus heutiger Sicht ist diese Radikalität kaum noch zu verstehen, da der preußische Barock ohnehin stets schlichter (um nicht zu sagen: ärmer) und maßvoller gewesen war als in Süddeutschland oder in den romanischen Ländern. Auch die Übergänge von der einen Bauepoche zur anderen erscheinen in Preußen eher fließend. Gontard und Unger standen bereits für den Übergang. Carl Gotthard Langhans schließlich, der Berlins bedeutendstes frühklassizistisches Bauwerk, das Brandenburger Tor, schuf, hatte noch als vom Barock beeinflußter

Baumeister begonnen. Solcherart scharfe Ablehnung der vorangegangen Architektengenerationen sollte sich aber bis ins 20. Jahrhundert hinein wiederholen. Mit der bekannten Folge, daß Berlin bis heute nur noch auf wenige Viertel verweisen kann, die tatsächlich als historisch gewachsene Gebiete anzusehen sind. Weit öfter dominiert das Stückwerkhafte.

Zu den Gebäuden in der Spandauer Vorstadt, die den Übergang vom Spätbarock zum Klassizismus bezeichnen, zählt das von Christian Friedrich Becherer in den Jahren von 1789 bis 1791 erbaute Logenhaus in der Oranienburger Straße Nr. 71/72.

Becherer, der 1747 in Spandau geboren und bei Gontard in Potsdam ausgebildet worden war, gehörte später zu den Mitbegründern der Berliner Bauakademie. Nach Gontards Tod leitete er die Architektonische Lehranstalt an der Kunstakademie und lehrte von 1799 bis 1809 an der Bauakademie. Von 1810 bis 1816 war er Direktor der Baugewerkeschule. Er zeichnete u.a. für die Bauausführung der Spittelkolonnaden (Entwurf: Gontard) verantwortlich und baute unter Unger den Turm der Deutschen Kirche auf dem Gendarmenmarkt. Er starb 1823 in Berlin.

Den Auftrag zur Errichtung eines Gebäudes für die Große Landesloge der Freimaurer von Deutschland erhielt Becherer, selbst Logenbruder und Vorschußgeber für den Bau, 1788 von dem Geheimen Rat und Kaufmann Jaques Dufour. 1.500 Taler wurden von der Loge selbst für das Projekt aufgebracht. Die Einweihung fand 1791 statt.

1839 wurde das zunächst zweigeschossige Gebäude mit seiner schlicht gestalteten Fassade um eine Etage aufgestockt. Die Schlußsteine über dem linken und rechten Portal, sie gehören zur ursprünglichen Fassadenausstattung, stellen den griechischen Philosophen Sokrates bzw. den römischen Staatsmann und Philosophen Seneca dar.

1898 kaufte die Reichs-Post- und Telegraphen-Verwaltung das Vorderhaus. Das für die Berliner Kultur- und Geistesgeschichte wichtige bauliche Denkmal steht heute leider leer und bedarf unbedingt der Sanierung. Bedeutende Berliner Persönlichkeiten, zeitweise argwöhnisch beobachtet vom König, hatten der Loge angehört. Die Reihe der Namen reicht vom Schriftsteller und Verleger Friedrich Nicolai über den Mathematiker und Königlichen Professor Friedrich Gustav von Castillon bis hin zum Generalmajor Joachim Friedrich Neander von Petersheiden, von dem 1799 das erste Berliner Adreßbuch herausgegeben wurde.

Obwohl es in den zwanziger und dreißiger Jahren des 19. Jahrhunderts eine rege Bautätigkeit im Viertel gab und viele Gebäude noch immer über klassizistische Fassaden verfügen, sind die Namen der Architekten weitgehend vergessen und mangels Akten häufig nicht mehr zu ermitteln.

Zu den wenigen noch namentlich bekannten Baumeistern dieser Zeit, die in der Spandauer Vorstadt tätig wurden, gehört Johann Christian Friedrich Moser. Von ihm stammen die Pläne zu einem ersten, 1834 vorgenommenen, Umbau der Sophienkirche im Inneren. Moser, dessen Geburtsdaten unbekannt sind, leitete 1814, nach der Rückführung der Quadriga aus Paris, deren Wiederaufstellung auf dem Brandenburger Tor und arbeitete seit 1824 in der Ministerial-Baukommission. Er starb 1846 in Berlin, nachdem er bereits 1831 in den Ruhestand getreten war.

In den vierziger Jahren des 19. Jahrhunderts meldete sich mit August Stüler und Eduard Knoblauch eine neue Generation von Architekten zu Wort, die zwar von Schinkel und der unter seinem Einfluß stehenden Bauakademie geprägt worden war, aber nach und nach durchaus eigene Wege ging. Von diesen zu Schinkels Tod (1841) dreißig- bis vierzigjährigen Baumeistern ist Wilhelm Louis Drewitz, der Erbauer des einst als »Ressource zur Unterhaltung« genutzten Hauses Oranienburger Straße Nr. 18, der wohl am wenigsten bekannte.

Drewitz (geb. 1806), der aus Thorn stammte und beim dortigen Festungsbau den Beruf des Feldmessers erlernt hatte, begann 1827 in Berlin das Studium an der Bauakademie. Nach

Abschluß des Baumeisterexamens im Jahre 1831 trat er in die Bauabteilung des Kriegsministeriums ein, wo er bis 1856 tätig war. Unter seiner Leitung entstanden zahlreiche Militärbauten, so u.a. das Kriegsministerium an der Wilhelm-/Ecke Leipziger Straße, auf dessen Grundstück 1935/36 das Reichsluftfahrtministerium entstand. Nach 1856 arbeitete Drewitz in Erfurt und leitete dort die Wiederherstellung des Domes. Er starb 1888 in Breslau.

Den Auftrag zum Bau des Ressourcen-Hauses hatte Drewitz 1840 erhalten. Die »Ressource zur Unterhaltung« war ein 1784 gegründeter Verein, der Personen höheren bürgerlichen Standes die Möglichkeit zum geselligen Beisammensein bot – außerhalb des königlichen Hofes und dessen Einflußnahme. Politische Ambitionen hatte der Verein indes nicht. Drewitz, Mitglied der Ressource, erarbeitete auf eigene Kosten die Baupläne für die Anlage, zu der neben dem Vorderhaus auch ein Gartengebäude gehörte, in dem die Sommervergnügen stattfanden. Mit der Ausführung wurde der Zimmermeister Wimmel betraut.

Die Straßenfassade des dreigeschossigen, siebenachsigen Hauses war in den zurückhaltenden Formen des Klassizismus gestaltet worden. Das Erdgeschoß, über dem Souterrain, in dem sich das Ressource-Restaurant befand, hatte Putzquaderungen erhalten. Die rundbogige Durchfahrt an der linken Seite des Hauses sowie die Fenster der Obergeschosse wurden durch waagerechte Verdachungen abgeschlossen. Ein Rankenfries unter dem Dachgesims und Blumenkorbmotive in den Fensterspiegeln des Erd- und ersten Obergeschosses rundeten die schlichte Ausschmückung ab. Die ursprüngliche Fassade ist inzwischen verlorengegangen und mit Rauputz versehen worden, so daß das Gebäude, in dem heute Fachbereiche der Humboldt-Universität untergebracht sind, überaus unscheinbar wirkt.

Von Eduard Knoblauch stammen die Entwürfe zum Bau der Neuen Synagoge. Der Gedanke, ein neues Gotteshaus zu errichten, hatte die Jüdische Gemeinde bereits seit den vierzi-

Blick vom Monbijoupark zur Neuen Synagoge

ger Jahren des 19. Jahrhunderts beschäftigt, denn schon zu diesem Zeitpunkt war die 1714 eingeweihte Synagoge in der Heidereutergasse längst zu klein geworden. Die Suche nach einem passenden Standort, der überdies der Zustimmung des Königs bedurfte, Auseinandersetzungen innerhalb der Gemeinde und die revolutionären Ereignisse von 1848 verzögerten lange die Umsetzung dieses Plans.

1856 wurde endlich ein geeigneter Bauplatz in der Oranienburger Straße Nr. 30 gefunden. Ein Jahr später, nachdem Vorentwürfe Knoblauchs keine befriedigende Lösung für den Neubau gebracht hatten, schrieb die Gemeinde einen Architekturwettbwerb aus. Die eingereichten Vorschläge blieben jedoch ebenfalls hinter den Erwartungen zurück. So wurde Eduard Knoblauch mit einem neuerlichen Entwurf beauftragt, der schließlich breite Zustimmung fand.

Im Mai 1859 begannen die Gründungsarbeiten, und nur zwei Jahre später, im Juli 1861, wurde das Richtfest gefeiert.

Der weitere Ausbau zog sich allerdings wegen der schweren Erkrankung Knoblauchs und dem damit verbundenen Wechsel in der Bauleitung sowie den Kriegsereignissen von 1864 und 1866 (Preußisch/Österreichisch-Dänischer Krieg bzw. Preußisch-Österreichischer Krieg) bis September 1866 hin.

Wer den imposanten Bau von der Straße her betrachtet, ahnt kaum, wie schwierig sich die planerischen Arbeiten gestalteten. Das schräg nach hinten verlaufende und sich dort erweiternde Grundstück verlangte mehrere Achsverschiebungen bei der Ausrichtung der aufeinanderfolgenden Bauteile. Diese Verschiebungen zu kaschieren und das Bauwerk nicht als »abgeknickt« erscheinen zu lassen, dabei aber auch die zur Verfügung stehende Fläche bestmöglich auszunutzen, gehörte zu den größten Herausforderungen, denen sich Knoblauch stellen mußte. Und hier waren alle anderen Architekten gescheitert.

Im vorderen Teil des Baues brachte Knoblauch deshalb die Treppen zu den Frauenemporen und die Büros sowie den Repräsentantensaal unter, der durch die drei Bogenfenster Licht von der Straße erhielt. Die Vorhalle, als Zwölfeck ausgebildet, wurde geschickt genutzt, um die nun notwendige Achsverschiebung zu verwischen. Es folgten das Männervestibül und die Vorsynagoge, die bei schwächerem Besuch an den Wochentagen genutzt werden konnte. Wie schon beim Eintritt in die Vorhalle vermittelte ein dreibogiges Portal den Übergang in den großen Gottesdienstraum. Da er sich erst in der Tiefe des Grundstückes entwickelte, konnte er nicht von der Hauptkuppel, die ja sichtbar sein sollte, bekrönt werden. Sie erhebt sich, ein Kompromiß, den der nachteilige Grundstückszuschnitt forderte, über den Bauteilen an der Straße.

Das Innere war im maurischen Stil prächtigst ausgestattet und beeindruckte durch ungewöhnliche konstruktive Lösungen, die den Raum weit und licht erscheinen ließen. Als Vorbild für die Ornamentik stand dabei die Alhambra in Granada. Die Neue Synagoge, die über 3.200 Plätze verfügte, war das größte jüdische Gotteshaus in Deutschland und unterstrich das gewachsene Selbstbewußtsein der Berliner Gemeinde.

In der Pogromnacht des 9. November 1938 versuchten SA-Leute, die Synagoge in Brand zu setzen. Dank des mutigen Eingreifens einiger Polizisten vom Revier am Hackeschen Markt konnte zwar nicht die Schändung, aber die Zerstörung abgewendet werden. Schließung und Zweckentfremdung des Baues (u.a. zur Lagerung von Heeresuniformen) erfolgten 1940. Im Kriegsjahr 1943, bei einem der Bombenangriffe auf die Stadt, erlitt der Gesamtkomplex schwerste Schäden. Die Ruine des Gottesdienstraumes wurde in den fünfziger Jahren gesprengt und abgebrochen. Die Wiederherstellung der noch vorhandenen Bauteile begann im Jahre 1988. Am 7. Mai 1995 wurde das Bauwerk als Sitz der Stiftung Centrum Judaicum zum zweiten Mal eingeweiht.

Karl Heinrich Eduard Knoblauch (1801–1865) zählt zu den wenigen namhaften Baumeistern, die nicht nur in Berlin tätig waren, sondern auch hier geboren wurden. Er entstammte einer ungarischen Kaufmanns- und Fabrikantenfamilie, die in der preußischen Hauptstadt ansässig geworden war. Sein Vater betrieb im Nikolaiviertel, in der Poststraße Nr. 23 (Knoblauchhaus), eine Tuch- und Seidenhandlung.

Nachdem er 1822 an der Bauakademie die Kondukteurprüfung abgelegt und das Bürgerrecht erworben hatte, setzte er seine Studien mit Unterbrechungen (Reisen u.a. durch Holland, Frankreich, Italien) bis 1828 fort. Da er nach der Baumeisterprüfung keine ihm gemäße Anstellung im Staatsdienst fand, begann er als Privatarchitekt zu arbeiten und wurde einer der ersten erfolgreichen privaten Baumeister Berlins. Insbesondere im Wohnungsbau tätig, weil Aufträge für die öffentlichen Bauten vorrangig an die bestallten Architekten ergingen, erwarb er aber auch das Vertrauen der Jüdischen Gemeinde und wurde von ihr mit mehreren Aufgaben betraut. Bereits 1856 hatte er die alte Synagoge in der Heidereutergasse umgebaut.

Von 1858 bis 1860 entstand nach seinen Entwürfen und

unter seiner Leitung das neue Krankenhaus der Jüdischen Gemeinde in der Auguststraße Nr. 11–13. Dem in die Straßenfront eingebundenen Verwaltungsgebäude folgt auf dem Hof das eigentliche Krankenhaus. Dessen Rückfront grenzt an das Grundstück der Neuen Synagoge.

Das an der Straße stehende Administrationsgebäude wurde von ihm als dreigeschossiger, achtachsiger Putzbau ausgeführt. Die hohe rundbogige Tordurchfahrt, die mit Gewölben ausgestattet ist, befindet sich in der Mitte des Gebäudes und wird durch einen flachen Risalit betont. Die Bogenzwickel der Durchfahrt besitzen ebenso wie die Fensterspiegel des ersten Obergeschosses Rankenornamente. Waagerechte Fensterverdachungen im zweiten Obergeschoß, Putzquaderungen über alle Etagen, Mäander- und Rankenfriese verweisen auf den typischen Berliner Klassizismus.

Das Krankenhaus selbst wurde von Knoblauch als dreigeschossiger Klinkerverblendbau erbaut, dessen oberste Geschosse mit einem abschließenden Konsolgesims versehen sind. Die Fassaden werden durch Risalite gegliedert. Der weit vorspringende dreiachsige Mittelteil des Gebäudes verfügt im Dachraum über einen Dreiecksgiebel mit rundem Fenster. Die von ornamentierten Terrakotten gerahmten Portale erinnern an Gestaltungselemente der von Schinkel – er blieb das lebenslang verehrte Vorbild – errichteten Bauakademie. Das Gebäude wurde zur damaligen Zeit, vor dem Beginn des Pavillonsystems, als mustergültig für den Krankenhausbau angesehen.

Noch ehe Knoblauch als Baumeister wirksam wurde, hatte er schon 1824 organisatorische und strategische Fähigkeiten unter Beweis gestellt. Nachdem die Bau- von der Kunstakademie getrennt worden war und mehrere junge Baumeister fürchteten, daß dadurch insgesamt das künstlerische Niveau der Ausbildungsstätte absinken werde, formierte sich auf seine Anregung hin der Berliner Architektenverein. In ihm führte Knoblauch mehrere Jahre den Vorsitz und gehörte bis 1862 auch dem Vorstand an. Die vom Verein herausgegebenen periodischen Publikationen stellten den Anfang einer architektonischen Fachpresse in Deutschland dar.

1845 war er von der Akademie der Künste zum Mitglied ernannt worden, deren Demokratisierung und Liberalisierung er zwei Jahre später in einer mutigen Denkschrift forderte. Ab 1848 war er sowohl entscheidend an der Reorganisation der Bauakademie als auch an der Ausarbeitung der neuen Bauordnung beteiligt. Nach längerer Krankheit starb er 1865 in Berlin. Zu seinen weiteren Werken gehörten u.a. der Umbau des Palais der Prinzessin Amalie zum Domizil der Russischen Botschaft, Unter den Linden Nr. 6/7 (1840/41) sowie der Bau des Etablissements Kroll (spätere Kroll-Oper) im Tiergarten (1844). In der Spandauer Vorstadt war außerdem das Wohnhaus Oranienburger Straße Nr. 15 nach seinen Plänen erbaut worden. Das Gebäude ist ohne den ursprünglichen Fassadenschmuck erhalten geblieben und wird derzeit im Auftrag der Bank für Sozialwirtschaft saniert.

Ebenfalls Mitbegründer des Architektenvereins und lebenslanger Freund Knoblauchs war Friedrich August Stüler (1800–1865). Er führte nach dessen Erkrankung ab 1862 den Bau der Neuen Synagoge fort. Nach seinen Entwürfen entstanden Teile der imposanten Innendekorationen im Hauptraum. Ein weiterer wichtiger Bau Stülers in der Spandauer Vorstadt war das ab 1859 errichtete Domkandidatenstift in der Oranienburger Straße. Für diese Einrichtung der evangelischen Kirche, in der junge examinierte Theologen wohnen konnten und auf ihre spätere Anstellung vorbereitet wurden, war ein Teil des Gartens vom Schloß Monbijou von König Friedrich Wilhelm IV. als Bauplatz zur Verfügung gestellt worden. Der als Klinkerverblendbau errichtete, mit Kapelle und Turm ausgestattete, Gebäudekomplex wurde ebenso wie die 1885 von Julius Raschdorff im Monbijou-Garten erbaute englische St. Georgs-Kirche im Zweiten Weltkrieg zerstört und zu DDR-Zeiten zusammen mit dem einstigen Lustschlößchen abgebrochen.

Im Viertel entstand 1855 nach Entwurf Stülers das Grabdenkmal für den Stadthauptmann und Ratsverwandten Christian Koppe am Koppenplatz. Der hatte 1696 in diesem Gebiet ein Grundstück erworben, das er 1705 der Armenverwaltung für die Errichtung eines Armenhospitals und eines Armenfriedhofes schenkte. Auf diesem traurigsten der Berliner Begräbnisplätze wurden all jene beigesetzt, deren Angehörige die Begräbniskosten nicht aufbringen konnten oder wollten. Auch Selbstmörder wurden in einer Ecke des Friedhofes begraben. Als die Anlage 1840 aufgehoben und dreizehn Jahre später planiert wurde, erhielt Stüler von der Stadt den Auftrag, das Gedenkgrab zu gestalten. Das aus Sandstein gefertigte Denkmal besteht aus vier korinthischen Säulen mit Gebälk, das sich über einem Stufenunterbau erhebt. Die Inschrift an der Rückwand lautet: »Herr Christian Koppe, Rathsverwandter und Stadthauptmann zu Berlin, widmete diesen Platz und dessen Umgebung im Jahre 1705 als Ruhestätte den Armen und Waisen, in deren Mitte Er selbst mit den Seinigen ruhen wollte und ruht. Sein Andenken ehrt dankbar die Stadt Berlin. 1855.«

Friedrich August Stüler zählt zu den schöpferischsten Architekten in der Nachfolge Karl Friedrich Schinkels. Er war nicht nur in Preußen tätig, sondern erbaute u.a. auch das Nationalmuseum in Stockholm sowie die Akademie der Wissenschaften in Budapest. Zu seinen wohl bekanntesten Werken in Berlin gehören das Neue Museum und die Nationalgalerie. Als Sohn eines Pfarrers im thüringischen Mühlhausen geboren, wurde er von 1817 bis 1819 zunächst in Erfurt und dann an der Berliner Bauakademie als Feldmesser ausgebildet. Aus dieser Zeit datiert die enge Freundschaft mit Eduard Knoblauch. Nach Praktika und weiteren Studien erhielt er 1823 eine Anstellung im Kriegsministerium. Er gründete den Architektenverein mit und legte 1827 die Baumeisterprüfung ab. Bis 1829 arbeitete er unter Schinkel. 1831 wurde er zum Direktor der Schloßbaukommission berufen. 1840, nach Schinkels schwerer Erkrankung, wählte ihn König Friedrich Wilhelm IV. zu seinem Bauberater. 1842 erfolgte die Ernennung zum »Architekt des Königs«. Neben einer Vielzahl von Bauaufträgen unternahm Stüler, ähnlich wie sein Freund Knoblauch, ausgedehnte Reisen. In mehreren öffentlichen Funktionen und später als Mitglied der Akademie der Künste sowie unterschiedlicher europäischer Akademien hatte er einen starken Einfluß auf die Architekten seiner Generation. Der 1. Architektentag 1842 in Leipzig wurde entscheidend von ihm geprägt. Wie vielfältig sein Engagement in Fragen eines zeitgemäßen Bauens war, zeigte nicht zuletzt seine Tätigkeit als Gründungs- und Vorstandsmitglied der von Carl Wilhelm Hoffmann ins Leben gerufenen »Berliner gemeinnützigen Baugesellschaft«.

In zeitlicher Nähe zu Stülers Denkmal für Koppe, das indirekt auch an das Armenhospital erinnert, entstand, nur ein paar Schritte entfernt, in der Großen Hamburger Straße Nr. 5–11 eine neue medizinische Einrichtung. Es ist das noch heute genutzte Katholische St. Hedwig-Krankenhaus. Den künstlerischen Entwurf für den im Hof befindlichen Ursprungsbau und die sich ihm rechts anschließende Kapelle hatte der Kölner Dombaumeister Vincenz Statz (1819–1898) geliefert, die Ausführung 1851/55 leitete Albert Kinel.

Der winkelförmige dreigeschossige Klinkerverblendbau wurde in strengen neogotischen Formen errichtet. Über der Vorhalle sind unter Sandsteinbaldachinen die Figuren der hl. Hedwig und des hl. Borromäus angebracht. Die aus der Bauflucht vorspringende Kapelle ist mit einem steilen Giebel und einem schlanken Treppenturm ausgestattet. Zum Inventar der Kapelle gehören u.a. zwei Schnitzfiguren, Maria und Pietà, aus dem 18. Jahrhundert sowie das vermutlich von Julius Schnorr von Carolsfeld 1852 geschaffene Gemälde »Guter Hirte«. Mit dem Bau des Krankenhauses empfahl sich der junge Architekt Albert Kinel (1825–1911) für weitere wichtige Aufgaben. Er arbeitete später vor allem im Eisenbahnbau und stand der 1880 gegründeten Akademie des Bauwesens, die aus der »Technischen Baudeputation« hervorgegangen war, zeitweilig als Präsident vor.

Hof des St. Hedwig-Krankenhauses

Für die Gründung des St. Hedwig-Krankenhauses war im protestantisch geprägten Berlin 1844 die behördliche Genehmigung erteilt worden. Als Ordensschwestern wurden die aus Nancy (Frankreich) stammenden Barmherzigen Schwestern des hl. Borromäus gewonnen. 1846 konnte die in der Hedwigskirche am Opernplatz ansässige Gemeinde ihr Krankenhaus eröffnen. In der Mitte des 19. Jahrhunderts gab es noch keinerlei kommunale medizinische Einrichtungen. Die Betreuung oblag der Charité, den Universitätskliniken und den konfessionellen Hospitälern, unter denen bis dahin aber kein katholisches existiert hatte. Das St. Hedwig-Krankenhaus war anfangs in einem Gebäude in der Kaiserstraße (heute: Jacobystraße) am Alexanderplatz untergebracht. Nachdem das dortige Haus aber bald zu klein geworden war, erwarb die Gemeinde den Bauplatz an der Großen Hamburger Straße. Der Umzug erfolgte 1854.

Die an der Straße stehenden Gebäude wurden nachträglich in mehreren Phasen von 1881 bis 1905 im historisierenden Stil erbaut. Für die Pläne zeichneten Max Hasak (Nr. 5 und 6) sowie Carl Moritz (Nr. 7 bis 11) verantwortlich. Den Kernbau im Hof stockte Wilhelm Fahlbusch 1926/27 um ein viertes Geschoß auf. Durch die drei zinnenartig angeordneten Giebel und die dreibogige gotisierende Vorhalle erreichte er eine starke Betonung der Mittelachse. Das weitläufige Hofareal ist mit Grünflächen gestaltetet und befindet sich im hinteren Teil in Nachbarschaft mit der Neuen Synagoge.

1996 konnte Berlins ältestes katholisches Krankenhaus sein 150jähriges Bestehen feiern. Zur wechselvollen Geschichte dieser Einrichtung gehört, daß schon während der achtundvierziger Revolution Verwundete aus den Straßenkämpfen ohne Ansehen der Person gepflegt worden waren. Auch in der Nazi-Zeit bewiesen einige Ärzte und Schwestern des Hospitals Zivilcourage, indem sie verfolgten Juden Zuflucht gewährten und im Jüdischen Altersheim, das ab 1942 als Deportationssammelstelle mißbraucht wurde, Kranke betreuten.

Anders als das St. Hedwig-Krankenhaus war das Postfuhramt an der Oranienburger Straße Nr. 35 und 36/Ecke Tucholskystraße im Zweiten Weltkrieg schwer beschädigt worden. Erst 1973 hatte man mit der schrittweisen Rekonstruktion begonnen. Der heute weitgehend leerstehende Komplex, über dessen weitere Nutzung noch Unklarheit herrscht, wurde in den letzten Jahren immer wieder für temporäre Ausstellungsprojekte, u.a. als Standort für die Berlin Biennale, genutzt.

Von 1875 bis 1881 in den Formen der italienischen Renaissance errichtet, stammten die Entwürfe von Regierungsbaumeister Carl Schwatlo, der sich bereits mit Wohn- und Geschäftsbauten sowie dem Reichspostamt in der Leipziger Straße einen Namen gemacht hatte. Schwatlo, 1831 im ostpreußischen Hermsdorf geboren, war zunächst als Feldmesser ausgebildet worden und hatte 1852 das Bauführerexamen an der Bauakademie abgelegt. Nach der Baumeisterprüfung im Jahre 1857 war er als Privatarchitekt tätig. In den sechziger Jahren nahm er daneben Anstellungen beim Generalpostamt sowie der Bauakademie an. Für die Reichspost errichtete er auch Bauten in Bremen, Danzig und Mainz. Zu den noch erhaltenen Wohnhäusern gehört das nach seinem Entwurf umgebaute Eckgebäude Oranienburger Straße Nr. 34, unmittelbar gegenüber dem Postfuhramt.

Weniger erfolgreich verlief Schwatlos unternehmerische Tätigkeit, in den hektischen Jahren nach der Reichsgründung ging sein Architekturbüro in Konkurs. 1877 schied er aus dem Staatsdienst aus und folgte dem Ruf an die Bau- und Gewerbeakademie, der späteren Technischen Hochschule, wo er als Professor und später als Abteilungsvorsteher für Architektur tätig war. Er starb 1884 in Berlin.

Mit der Bauausführung des Postfuhramtes war Post-Baurat Wilhelm Petrus Tuckermann (1840–1918), der sich mit der Bauleitung der Zentralkadettenanstalt Lichterfelde empfohlen hatte, betraut worden. Der für das Postfuhramt gewählte oberitalienische Renaissance-Stil galt zur damaligen Zeit als besonders repräsentativ und nahm eine kulturelle Tradition auf, in die sich das aufstrebende gründerzeitliche Berlin gerne gestellt sah. Daß der Bau schließlich einer der teuersten und aufwendigsten im jungen Deutschen Reich wurde, hatte wohl nicht zuletzt seine Ursache in der benachbarten imposanten Neuen Synagoge. Hier wollte man architektonisch nicht zurückstehen. Als Vorgängerbau hatte an dieser Stelle das bescheidene Postillongebäude gestanden, das sich die Postillone mit einem finanziellen Zuschuß des Königs noch selber erbaut hatten.

Das die ganze Eckfront einnehmende dreigeschossige Hauptgebäude wurde als gestreifter Klinkerverblendbau errichtet. Die Fenster erhielten feingezeichnete Terrakotta-Umrahmungen. Friese, Gesimse und Pilaster gliedern die Fassadenteile. Das Hauptaugenmerk richtet sich auf das monumentale, über alle drei Geschosse geführte rundbogige Eingangsportal, das links und rechts von doppelachsigen Wandpfeilern zusammengefaßt wird. Auf dem Dach bekrönt eine achteckige Tambourkuppel, von zwei kleineren Kuppelaufsätzen flankiert, den reich geschmückten Eingangsbereich. Zwischen den Rundbögen der Erdgeschoßfenster waren 26 Porträtmedaillons angebracht (durch Kriegsverlust nur noch 25). Es sind Darstellungen von Persönlichkeiten aus unterschiedlichsten Jahrhunderten, die im weitesten Sinne das Post- und Nachrichtenwesen beförderten. An der Hoffassade ist ein Flachrelief erhalten, das eine Postkutsche kurz vor der Abfahrt darstellt. Geschaffen wurde das Relief 1875 von Hermann Steinemann.

Auf dem ausgedehnten Hofgelände, mit Ausfahrt in der Auguststraße, befanden sich einst zwei große Ställe, die 240 Pferden Platz boten. Das untere Geschoß war in den Erdboden eingelassen, in das darüber gelegene führte eine Rampe. Über den Stallungen lagen die Schlafräume der Postillone. Ebenfalls im Hof waren Hufschmiede, Wagengebäude, Kessel- und Maschinenhaus untergebracht. Das Hauptgebäude wurde von der Verwaltung des Postfuhramtes, dem Annahme-Postamt 24 und später von Teilen des Fernsprechamtes 4 genutzt. Rohrpostmaschinenstelle, Post- und Telegrafenschu-

Ehemaliges Postfuhramt

le sowie Dienstwohnungen waren außerdem in den Gebäuden zu finden.

Schon Statz und Kinel, die Architekten des St. Hedwig-Krankenhauses, hatten sich nicht mehr des Klassizismus, sondern eines historisierenden Stils, der Neogotik, bedient. Die Gotik galt als »deutsche« Antike und wurde in den folgenden Jahrzehnten die beherrschende Formensprache im Kirchenbau. Auch hier war von Schinkel mit der Friedrichswerderschen Kirche (Fertigstellung 1830) bereits Vorarbeit geleistet worden. Weitere historische Stilepochen – Romanik, Renaissance und Barock – gerieten in den Blick. Der Rückgriff erweiterte das Formenrepertoire und sorgte durchaus für Bewegung in der Architekturentwicklung.

Daß der Historismus gegen Ende des 19. Jahrhunderts in eine Sackgasse geriet und immer mehr zum »Karneval der Stile« verkam, ist den frühen Vertretern dieser Richtung kaum anzulasten. Knoblauch oder Stüler, Schwatlo oder Blankenstein – sie alle waren sich noch des Zusammenhanges von Form *und* Funktion bewußt. Ein gesteigertes Bedürfnis nach Repräsentation ließ jedoch Ende des 19. Jahrhunderts immer mehr jenes »Protzentum« in den Vordergrund treten, das sich, wie der Kunsthistoriker Adolf Rosenberg 1899 anmerkte, »gern in prunkvollen Fassaden äußert und vielleicht in einem Zuge des Berliner Volkscharakters, der unstillbaren Lust zur Großsprecherei wurzelt, und eine Neigung zur Scheinarchitektur, die über das wahre Wesen einer baukünstlerischen Schöpfung hinwegtäuschen soll.« [6]

Ein beredtes Beispiel solcher Scheinarchitektur stellt die in der benachbarten Rosenthaler Vorstadt gelegene ehemalige Josty-Brauerei (Bergstraße Nr. 22) dar, die einem Sakralbau ähnelt und vom Volksmund prompt »Bierdom« getauft wurde. Der die Fassade schmückende Trinkbruder ersetzt dabei die Heiligenfigur. Das Zeitalter der Konsum-Tempel hatte begonnen.

Den öffentlichen Bauten im letzten Drittel des 19. Jahrhunderts gab vor allem ein Mann, Hermann Blankenstein, das Gepräge. 1872 wurde er zum Stadtbaurat für Hochbau gewählt; in dem einflußreichen Amt war er mit ähnlichen Befugnissen ausgestattet, wie sie einst Schinkel besessen hatte. Zu den zahlreichen von ihm geschaffenen Bauwerken zählen das Städtische Arbeits- und Arresthaus in Rummelsburg, der Central-Vieh- und Schlachthof in der Eldenaer Straße, die Zentralmarkthallen am Alexanderplatz mit den Markthallen II bis XIV in den einzelnen Stadtbezirken sowie das Polizeidienstgebäude in der Alexanderstraße, Krankenhäuser, Kirchen und Friedhofskapellen. Der Um- bzw. Neubau der Mühlendammschleuse zeigt die Vielfalt der Aufgaben, denen er sich zu stellen hatte und die er mit Bravour löste. Mit der Rekonstruktion der mittelalterlichen Nikolaikirche löste er die erste heftige Diskussion zu Fragen des Denkmalschutzes in Berlin aus. Insbesondere die Errichtung des Zwillingsturmes anstelle des alten einfachen Turmaufsatzes war äußerst umstritten. Beim Wiederaufbau der Kirche zu DDR-Zeiten gab man abermals der Blankensteinschen Doppelturmfassade den Vorzug.

Mit einhundertzwanzig vor der Jahrhundertwende realisierten Schulbauten darf Blankensteins Schaffen einzigartig auf diesem Gebiet genannt werden. In vielen Berliner Stadtvierteln existieren noch Schulgebäude, für die er verantwortlich zeichnete. In der Spandauer Vorstadt sind zwei dieser Komplexe weitgehend vollständig erhalten geblieben. Es sind dies die ehemalige 10. Realschule, Auguststraße Nr. 21 (1894/95) sowie die einstige Doppelgemeindeschule, Gipsstraße Nr. 23a (1872/73). Vom früheren Sophien-Töchtergymnasium (zu DDR-Zeiten Kreispionierhaus), Weinmeisterstraße Nr. 15, das in den Jahren 1874/76 von ihm um das Realgymnasium an der Steinstraße erweitert wurde, steht nach Kriegszerstörungen nur noch das Direktoratsgebäude.

Sämtliche dieser Schulen wurden als Klinkerverblendbauten errichtet und z.T. mit aufwendig gestalteten Gesimsen, Fenster- und Portalumrahmungen aus Terrakotta versehen. Die Direktoratsgebäude, jeweils in die Straßenfront eingebunden, erhielten oftmals zusätzlichen figürlichen Schmuck. Je nach Grundstücksform und -größe finden sich das eigentliche Schulhaus, die Wirtschaftsräume und die Turnhalle stets als Seitenflügel oder Quergebäude in den Hof verlegt. Obwohl Blankensteins nüchterne, noch in der Schinkelschen Tradition wurzelnde Baugestaltung schon Ende des 19. Jahrhunderts als überholt empfunden wurde, haben viele seiner Bauten den Moden und Zeiten getrotzt. In der Auguststraße Nr. 21 sind heute u.a. das Kulturamt Mitte und die Galerie Weißer Elefant untergebracht, in der Gipsstraße Nr. 23a eine Grundschule.

Hermann Wilhelm Albert Blankenstein (1829–1910), in Gräfenbrück bei Finowfurt geboren, entstammte einer Baumeisterfamilie. Sein Vater war als Bauinspektor am Finowkanal tätig gewesen. Nach der üblichen Feldmesserausbildung hatte er 1851 das Studium an der Bauakademie mit der Bauführerprüfung und nach Arbeiten in der Praxis sowie einem weiteren Studium 1856 das Landbaumeisterexamen abgelegt. 1862 schloß er die Prüfung als Wasser-, Wege- und Eisenbahnbaumeister an. Kenntnisse, die ihm in seinem Amt als Stadtbaumeister zugute kommen sollten. Stationen seines Wirkens, ehe er 1865 nach Berlin in die Ministerial-Baukommission berufen wurde, waren Stettin und Stargard (Pommern). Er trat später in vielerlei Funktionen und Kommissionen hervor, so u.a. auch als Gutachter für Paul Wallots Entwurf zum Bau des Reichstagsgebäudes. 1896 ging er, nachdem an seinem Stuhl als Stadtbaumeister kräftig gesägt worden war und Ludwig Hoffmann ihn im Amt beerbt hatte, verbittert in den Ruhestand. Die Ernennung zum Stadtältesten bot ihm, das Repräsentieren war seine Sache nicht, nur wenig Trost.

Ein schöpferisches Architektengespann bildeten Gropius & Schmieden. Ihr Büro erhielt 1878 den Zuschlag für Planung und Errichtung der Universitäts-Augenklinik in der Ziegelstraße Nr. 5–9. Genau auf jenen Parzellen, die einst von der Kurfürstin Sophie Charlotte vergeben worden waren. Die in antikisierenden Formen geschaffene Anlage, 1883 fertiggestellt, wurde mit ihren lichten, den begrünten Hof einbeziehenden Pavillonbauten wegweisend für den Klinikbau der folgenden Jahre. Das in die Straßenfront eingebundene Verwaltungsgebäude wird durch drei Risalite gegliedert und von Kopfbauten, die sich bis zur Spree erstrecken, gerahmt. Als gestreifte Klinkerverblendbauten ausgeführt, sind die Fassaden zusätzlich mit Gesimsen, Friesen, Fenster- und Portalrahmungen aus Terrakotta versehen. Das Obergeschoß erhielt als Abschluß ornamentale Sgraffito-Malereien. Den Eingangsbereich des Administrationsgebäudes betonen Mittelrisalit und Erker. An der Ostseite schließt die ehemalige chirurgische Poliklinik, Ziegelstraße Nr. 10/11, an. Sie entstand zehn Jahre später im gleichen Stil. Den Entwurf lieferte Baurat Eduard Haesecke.

Auch für die benachbarte ehemalige »Geburtshülfliche Klinik« in der heutigen Tucholskystraße Nr. 2 (Eingang) gehen die Planungen auf das Architekturbüro Gropius & Schmieden zurück. Der Bau auf dem spreenahen, sumpfigen Gelände wurde trotz schwieriger Gründungsarbeiten innerhalb von zwei Jahren, 1880/82, realisiert. Die Gartenpavillons, streng nach Abteilungen getrennt, dienten wiederum zur Aufnahme der Patienten.

Martin Carl Philipp Gropius (1824–1880), Großonkel des Architekten und späteren Bauhaus-Gründers Walter Gropius, stammte aus einer alteingesessenen Berliner Künstler- und Unternehmerfamilie, in der Schinkel und Schadow verkehrt hatten. Schon zeitig entstand bei ihm der Wunsch, ebenfalls Baumeister zu werden. Von 1843–46 besuchte er das Gewerbeinstitut, um zunächst in die Gabainsche Seidenfabrik, deren Mitinhaber sein Vater war, einzutreten. Nach der Tätigkeit als Baueleve in Pommern, dem Studium an der Bauakademie von 1849–55 und Praktika bei Johann Heinrich Strack und Adolf Lohse arbeitete er für kurze Zeit als Baumeister im Staatsdienst. 1856 wurde er Privatarchitekt.

In den Jahren 1862/63 nochmals eine Anstellung beim Polizeipräsidium annehmend, war er als Baumeister fortan freiberuflich tätig. 1866 gründete er mit Heino Schmieden die gemeinsame Firma und wurde im gleichen Jahr Professor an der Bauakademie. 1867 zählte er zu den Mitbegründern der Unterrichtsanstalt am Gewerbemuseum und 1869 zu den Initiatoren der Kunstschule. Als Senatsmitglied der Akademie der Künste stand er außerdem ab 1869 dem preußischen Kunstschulwesen vor. Mehrere ausländische Akademien beriefen ihn in der Folgezeit zu ihrem Mitglied.

Heino Schmieden (1835–1913) hatte 1866 an der Bauakademie die Baumeisterprüfung abgelegt. Vor der gemeinsamen Firmengründung war er als Mitarbeiter bei Gropius tätig gewesen und gehörte wie jener zu den Gründern der Villenbau-Kommanditgesellschaft »Westend«. Nach Gropius' Tod führte Schmieden das Büro erfolgreich weiter. Er wurde 1881 Mitglied der Akademie des Bauwesens und 1887 Mitglied der Akademie der Künste.

Augenklinik, Hof

Das umfangreiche Schaffen von Gropius & Schmieden umfaßt Wohn- und Geschäftsbauten im Tiergartenviertel und in Charlottenburg, Villen, Banken (Bankhaus Mendelssohn in der Jägerstraße) sowie Krankenhäuser (Krankenhaus am Friedrichshain). Bekanntestes Bauwerk beider ist wohl das Gewerbemuseum in der Prinz-Albrecht-Straße, der heutige Martin-Gropius-Bau.

August Adolf Max Spitta, nach dessen Plänen die Kirche St. Johannes Evangelist in der Auguststraße Nr. 90 erbaut wurde, zählte in den achtziger/neunziger Jahren zu den vielbeschäftigten Kirchenbaumeistern. Er zeichnete für die Pläne zum Bau der Neuen Nazarethkirche am Leopoldplatz, der

Kirche St. Johannes Evangelist, Detail

Erlöserkirche in Rummelsburg, der Gnadenkirche im Invalidenpark, der Wilmersdorfer Auenkirche sowie der Golgathakirche in der Borsigstraße verantwortlich. Er leitete ferner Umbauten und Erweiterungen von Gotteshäusern und errichtete auch außerhalb Berlins zahlreiche Kirchen.

In Lissa bei Posen geboren, kam die Familie Max Spittas, die eine Reihe von Künstlern und Wissenschaftlern hervorgebracht hatte, ursprünglich aus Belgien. Nach dem Studium an der Berliner Bauakademie absolvierte er Praktika bei Adolf Lohse und im Kriegsministerium. 1872 legte er das Baumeisterexamen ab und wurde in den Staatsdienst übernommen. Nach Tätigkeiten bei der Regierung Potsdam und im Kultusministerium war er ab 1883 bei der Ministerial-Baukommission für den Kirchenbau zuständig.

Spittas Wirken war eng verbunden mit der von Conrad Wilhelm Hase begründeten neogotischen »Hannoverschen Schule«. Während aber die nahegelegene Golgathakirche von ihm ganz im Haseschen Sinne errichtet wurde, verweist die 1898 bis 1900 entstandene Kirche St. Johannes Evangelist vor allem auf romanisierende Formen. Die Fassade ist in die Straßenflucht eingebunden und wird durch einen steilen Giebel mit runder Öffnung und drei darunter befindlichen Klangarkaden betont. Dem aus rotem Sicht-Ziegelmauerwerk bestehenden Bau mit monumentaler Rosette ist eine große Portalnische vorgelagert, die links und rechts von turmartigen Treppenhäusern eingerahmt wird. Den Portalbogen schließt ein spitzer gotisierender Ziergiebel (Wimperg) ab, der mit einem Christusmedaillon besetzt ist. Die im Zweiten Weltkrieg teilzerstörte Kirche wird heute nicht mehr als Gotteshaus genutzt und ist teilweise aufgelassen. Spittas Grabmal befindet sich auf dem nahen Dorotheenstädtischen Friedhof in der Chausseestraße.

Von den Baumeistern, deren Schaffen ins 20. Jahrhundert hinüberreichte, aber noch weitgehend dem Historismus verpflichtet blieb, sind Kurt Berndt und Johann Hoeniger zu nennen. Beide hinterließen in der Spandauer Vorstadt mehrere Bauten. Über Kurt Berndt, der schon im Zusammenhang mit den Hackeschen Höfen und dem Gewerbekomplex Neue Schönhauser Straße Nr. 20 erwähnt wurde, ist kaum etwas bekannt. Zumeist als ausführender Architekt tätig, sind von ihm jedoch auch Überarbeitungen von Entwürfen und eigenständige Pläne überliefert. Nach Planungen des Baurates Friedrich Otto Schulze und des Architekturbüros Kyllmann & Heyden leitete Kurt Berndt 1891/92 den aufwendigen Umbau des Kirchenschiffes der Sophienkirche.

Dabei wurden einige tief in die alte Bausubstanz eingreifende Maßnahmen durchgeführt. Zu ihnen zählten die Absenkung des Fußbodens, die Erhöhung der Decke und die

Erneuerung des Dachstuhles sowie der Einbau der Altarnische an der Ostseite. Wandgliederungen und Schmuckelemente entstanden in Formen des Neobarock völlig neu. 1904/05 wurde nachträglich der Zugang von der Großen Hamburger Straße zum heutigen Hauptportal geschaffen.

Für die in neobarocken Formen errichteten Wohnbauten Große Hamburger Straße Nr. 29–31 übernahm Kurt Berndt ebenso die Ausführung wie für das 1901/02 entstandene Vordergebäude Große Hamburger Straße 28 und das im hinteren Teil des Grundstückes gelegene Gemeindehaus der Sophiengemeinde. Die Innenausstattung erfolgte wie bei den meisten der Berndtschen Bauten im Jugendstil.

Von dem einheitlich gestalteten fünfgeschossigen Wohnhauskomplex mit Putzfassaden, übergiebelten Eckrisaliten und Turmaufbauten an der Straßenfront konnten die Gebäude Nr. 30 und 31 in den letzten Jahren restauriert werden. Das Vorderhaus Nr. 29 mit Seitenflügel und Quergebäude weist dagegen noch die kriegsbeschädigte Fassade auf. Von dem Künstler Jürgen Strandt stammt die eindrucksvolle metallene Gedenktafel, die einige der Einschüsse in der Fassade umschließt und die lateinische Inschrift »Pax« (Frieden) trägt.

Die Große Hamburger Straße Nr. 27, in der sich einst Jüdische Knabenschule und Lehrerbildungsanstalt befanden, wird seit 1993 wieder von der Jüdischen Gemeinde als Realschule und Gymnasium genutzt. Das Gebäude mit Innenhof wurde 1905/06 nach Plänen von Johann Hoeniger im Stil des Neoklassizismus ausgestattet. Über dem Eingangsportal sind der Skulpturenschmuck und die Inschrift »Knabenschule der Jüdischen Gemeinde« erhalten geblieben. Der dreigeschossige, etwas zurückgesetzte Putzbau, dessen Dach von einem Turmaufbau bekrönt wird, bildet zusammen mit dem benachbarten Turm der barocken Sophienkirche ein reizvolles Bauensemble.

An der straßenseitigen Fassade sind ein von Gerhard Thieme geschaffenes Porträtrelief von Moses Mendelssohn und eine Tafel mit dessen Wahlspruch »Nach Wahrheit forschen, Schönheit lieben, Gutes wollen, das Beste tun« angebracht. Moses Mendelssohn gehörte im 18. Jahrhundert zu den Initiatoren und Gründern der Jüdischen Freyschule, in der nicht mehr nur Religion, sondern auch weltliche Fächer gelehrt wurden. Aus der Freyschule, die sich in der Rosenstraße befunden hatte, entwickelte sich später die Knabenschule. Die Büste des Philosophen, die im Vorgarten des Schulhauses gestanden hatte, war 1941 von SA-Männern zerstört worden. Die Anregung zu der 1983 enthüllten Gedenktafel geht auf den Berliner Schriftsteller Heinz Knobloch zurück.

Zu den weiteren Bauten Hoenigers im Viertel zählen die ehemalige Hochschule für die Wissenschaft des Judentums, das Verwaltungsgebäude der Jüdischen Gemeinde sowie das Wohnhaus und die Synagoge der Gemeinde Adass Jisroel (siehe »Jüdisches Leben«). Auch von ihm sind, ebenso wie von Kurt Berndt, nur wenige biografische Daten bekannt. Selbst die Schreibweise seines Namens ist strittig und wird in den unterschiedlichsten Publikationen immer wieder anders angegeben (Höniger, Hoeninger).

Johann Hoeniger (1850–1913) wurde im oberschlesischen Zülz geboren und absolvierte in Höxter die Baugewerkeschule. Nach dem Studium an der Bauakademie und mehreren Reisen, die ihn nach Frankreich und Italien führten, begann er in Berlin als Privatarchitekt zu arbeiten. 1881 wurde er zum Gemeindebaumeister der Jüdischen Gemeinde ernannt. Die fortschreitende Differenzierung der Bauaufgaben und die immer größer werdende Konkurrenz ließ Ende des 19. Jahrhunderts eine Reihe von Architektengemeinschaften entstehen, die mit Aufgabenteilung versuchten, den neuen Anforderungen besser gerecht zu werden. Auch Hoeniger ging eine Partnerschaft ein und gründete 1887 mit Jacob Sedlmeyer (1861–1929) das Architekturbüro Hoeniger & Sedlmeyer, das bis 1913 tätig war. In Zusammenarbeit beider entstanden Kaufhäuser, Schulen und Wohngebäude.

Die von ihnen erbauten Wall-Höfe in der Wallstraße Nr.

15/15a (Neukölln am Wasser) dienten als Indiz für Hoenigers Autorenschaft der Hackeschen Höfe. Ältere Architekturführer bringen seinen Namen denn auch mit deren Gesamtplanung in Verbindung. Da aber, wie erwähnt, die Unterlagen verlorengegangen sind, fehlen hierfür alle Belege. Außerdem entsprachen Gebäudetypen, an denen sich die beginnende Skelett- und Rasterbauweise ablesen läßt, der allgemeinen Industrialisierung im Bauen und wurden, was eindeutige Zuordnungen erschwert, auf ähnliche Art von unterschiedlichsten Architekten realisiert.

Am Übergang vom Historismus zur Moderne stehen in Berlin vor allem zwei Baumeister: Ludwig Hoffmann und Alfred Messel. Letzterer wurde vor allem durch sein für Georg Wertheim errichtetes Kaufhaus (1896–1906) am Leipziger Platz bekannt. Es hatte Vorbildcharakter für eine Vielzahl von Warenhausbauten in ganz Deutschland. Konsequent war hier die Form des Baukörpers aus der Funktion entwickelt worden. Die das Gebäude öffnenden Glasflächen wurden durch Pfeilerkonstruktionen zusammengefaßt. Historisierende Details traten gegenüber der streng funktional gegliederten Fassade in den Hintergrund. Im Zweiten Weltkrieg zerstört, fiel die Ruine des Warenhauses später der Abrißbirne zum Opfer.

Eine Anschauung von Messels Bauauffassung läßt sich noch von einem Bauteil seines um 1903/04 errichteten Wertheim-Kaufhauses in der Sophienstraße Nr. 12–15 gewinnen. Der Gesamtkomplex, der sich bis in die Rosenthaler Straße erstreckt und dort seinen Haupteingang hatte, war ebenfalls im Krieg zerstört worden. An seiner Stelle steht heute ein unförmiger, schmuckloser Nachkriegsbau. Der zweigeschossige Seitenflügel an der Sophienstraße blieb hingegen in der ursprünglichen Form des Gerüstbaues mit Werksteinverkleidung und zurückhaltendem historisierendem Dekor erhalten.

Schon etliche Jahre zuvor war Messel in der Spandauer Vorstadt tätig geworden. Im Vergleich zum sehr modern wirkenden Kaufhausbau lassen sich dabei Entwicklungen, die er durchlief, zurückverfolgen. In der Neuen Schönhauser Straße

Nr. 13 hatte er für die Volksspeisehallen Aktien Gesellschaft das Volkskaffeehaus errichtet, in der Minderbemittelte preiswert speisen und Kaffee trinken konnten. Das Lokal, das sich im Erdgeschoßbereich befand und bis ins Quergebäude reichte, war seinerzeit in Frauen- und Männerraum unterteilt, um der Prostitution keinen Vorschub zu leisten. Nach dem Ersten Weltkrieg mußte die Volksspeisehallen Aktien Gesellschaft Konkurs anmelden; andere Nutzer, das Café Dalles, später ein Kino, zogen ein. Die oberen Etagen dienten von Anfang an zu Wohn- und Geschäftszwecken.

Der Gebäudekomplex mit zwei Höfen wurde von Messel in den Formen der deutschen Renaissance entworfen. Besonderes Augenmerk galt selbstverständlich der Schauseite, die mittels einer Balustrade über dem Erdgeschoß und eines zweigeschossigen übergiebelten Erkers gegliedert wird. Den Abschluß am Dach bildet ein Ziergiebel mit dem Baudatum 1891/92. Auf die Fassade gemalte Dekors ergänzen die Gestaltung. Bemerkenswert ist auch das im Renaissancestil ausgeführte Treppenhaus. Die Anlage wurde inzwischen komplett restauriert und beherbergt heute in der Erdgeschoßzone das Café »Schwarzen Raben«.

Alfred Messel (1853–1909), der ebenso wie sein Freund Ludwig Hoffmann aus Darmstadt stammte, studierte zunächst in seiner Heimatstadt, dann in Kassel und an der Bauakademie. 1885 siedelte er nach Berlin über und begann ein Jahr später als Privatarchitekt tätig zu werden. Ab den neunziger Jahren, oftmals in enger Verbindung mit Hoffmann, wurden zahlreiche Geschäftsbauten (u.a. Landesversicherungsanstalt am Köllnischen Park) und Vorhaben im Reformwohnungsbau von ihm realisiert. Die Entwürfe zum Block an der Proskauer-, Bänsch- und Schreinerstraße im Stadtbezirk Friedrichshain wurden 1900 auf der Pariser Weltausstellung preisgekrönt. Nach Plänen Messels, der vor Baubeginn starb, leitete Hoffmann, auf den hinterlassenen Wunsch des Freundes hin, die Errichtung des Pergamonmuseums.

Ludwig Hoffmann, der seit 1896 den Posten des Stadtbaumeisters bekleidete, wurde für das architektonische Berlin nach der Jahrhundertwende eine der prägendsten Persönlichkeiten. Neben einer Vielzahl von Verwaltungsbauten entstanden unter seiner Verantwortung das Städtische Klinikum Buch, der Kuppelturm des Stadthauses in der Klosterstraße, das Märkische Museum am Köllnischen Park sowie der Märchenbrunnen im Volkspark Friedrichshain.

In der Spandauer Vorstadt blieb sein Wirken auf zwei Schulgebäude, Koppenplatz Nr. 12 und Linienstraße Nr. 162, beschränkt. Das in den Jahren 1902 bis 1907 entstandene Schulhaus am Koppenplatz wurde als dreigeschossiger Putzbau mit rückwärtigen Seitenflügeln ausgeführt. Der Akzent liegt auf dem zwölfachsigen, leicht überhöhten Mittelteil, in dem die Aula untergebracht ist. Das Mansardwalmdach wird von einem achteckigen Turm mit geschwungener Haube bekrönt, der auf einem quadratischen Balustradenunterbau verankert ist. In Sichtweite zum Turm der Sophienkirche wirkt die den Barock zitierende Form wie ein Spannungselement. Die nüchtern-sachliche Ausstrahlung, die insgesamt vom Baukörper ausgeht, wird durch historisierenden Schmuck – das rundbogige Mittelportal mit flankierenden Säulen und horizontaler Verdachung sowie den Wappenkartuschen an der Fassade – aufgelockert.

Hinter diese Entwicklung geht das ebenfalls dreigeschossige Schulgebäude in der Linienstraße deutlich zurück. Es entstand 1911 und wirkt mit seiner dem Barock entlehnten Gliederung durch Kolossalpilaster eher wie der ältere Bruder des vorgenannten Baues. Der Sandsteinfassade ist eine Podesttreppe, die zum Mittelportal führt, vorgelagert. Die zwanzig Achsen des Gebäudes werden durch Pilaster zu jeweils vier Fenster zusammengefaßt. Das Mansardwalmdach gehört auch hier zur Ausstattung. Mit der Anfertigung des bildnerischen Schmuckes wurde, wie schon an der Schule am Koppenplatz, der Bildhauer Josef Rauch betraut. Das Gebäude wird heute von der Volkshochschule Mitte genutzt.

Schulgebäude am Koppenplatz

Ludwig Hoffmann, 1852 in Darmstadt geboren, studierte, wie sein Jugendfreund Messel, an der Kasseler Akademie und der Berliner Bauakademie. Das 1887 bis 1895 mit Peter Dybwad errichtete Reichsgericht in Leipzig machte ihn deutschlandweit bekannt und empfahl ihn in Berlin als Stadtbaurat für Hochbau. Er »war ein Meister der schöpferischen und vor allem unaufdringlichen Verwendung historischer Stilformen, an den Bauten oft auf den ersten Blick nicht erkennbar. Besonders die Schulen sind klar gegliedert, sparsam eingesetzter plastischer Schmuck – am ausgeprägtesten sind die Portale – und die standortgerechte räumliche Gliederung hinterlassen einen modernen Eindruck.« [7]

Erweiterungsbau der Frauenklinik

Bis zu seiner Versetzung in den Ruhestand, im Jahre 1924, übte Hoffmann das Amt des Stadtbaumeisters aus. Seit den zwanziger Jahren sah er sich (ähnlich wie einst Blankenstein) zunehmend mit der Kritik jüngerer, nun dem Bauhaus verpflichteter, Architekten konfrontiert. Er starb 1932 in Berlin.

Die in den zwanziger Jahren antretende neue Architektengeneration, deren Wirken durch die Machtergreifung der Nazis ein jähes Ende fand, ist im Viertel mit drei bemerkenswerten Bauten vertreten. Es sind dies die 1927/28 von Alexander Beer errichtete Mädchen-Volksschule der Jüdischen Gemeinde in der Auguststraße Nr. 14–15, die von Clemens Holzmeister 1933 fertiggestellte Katholische St. Adalbert-Kirche in der Linienstraße Nr. 101/Torstraße Nr. 168 sowie der unter der Leitung von Wolff entstandene Neu- und Erweiterungsbau der Universitäts-Frauenklinik an der Ziegel-/Ecke Monbijoustraße.

Das mit rotem Sicht-Ziegelmauerwerk versehene Schulgebäude wurde von Beer im Stil der Neuen Sachlichkeit entworfen. Es verfügt über vier Geschosse und fünfzehn Achsen. Die Fenster des Hauptteils sind zu Vierergruppen geordnet und bänderartig zusammengefaßt. Sie geben dem mächtigen Baukörper eine kräftige horizontale Gliederung. Anklänge an die von Hans Poelzig errichtete, den Rosa-Luxemburg-Platz rahmende, Wohnbebauung oder das in den zwanziger Jahren umgebaute Eckhaus Rosenthaler Straße Nr. 46–47/Neue Schönhauser Straße Nr. 10 sind unübersehbar. Im dreiachsigen Bauteil an der linken Seite, der leicht in den Straßenraum vorspringt, waren im Erdgeschoß die Turnhalle und über dem niedrigeren Zwischengeschoß die Aula untergebracht. Deren Fenster werden durch Klinkerrahmungen betont. Über dem Haupttrakt erhebt sich ein zurückgesetztes, verputztes Dachgeschoß.

Die 1930 eingeweihte Mädchen-Volksschule der Jüdischen Gemeinde wurde am 30. Juli 1942 auf Anordnung der Nazi-Behörden geschlossen. Es folgte das generelle Unterrichtsverbot für jüdische Kinder. Gemeindebaumeister Alexander Beer wurde im Konzentrationslager ermordet.

Zu DDR-Zeiten war in dem Gebäude die Bertolt-Brecht-Oberschule (Teil I) untergebracht. Teil II befand sich im Schulbau am Koppenplatz. Nach der inzwischen erfolgten Rückübertragung an die Jüdische Gemeinde und der noch anstehenden Rekonstruktion ist der Umzug des Gymnasiums aus der Großen Hamburger in die Auguststraße vorgesehen.

Auch Holzmeisters St. Adalbert-Kirche ist als Klinkerverblendbau errichtet worden. Der Eingang liegt im Hof des Wohnhauses Torstraße Nr. 168. Das rechteckige Kirchenschiff wird an der Südseite, zur Linienstraße hin, von der erhöhten Hauptapsis und flankierenden Altarnischen begrenzt. Die

Hinterfront, als eigentliche Schauseite ausgebildet, ist in die Bauflucht der Linienstraße eingebunden und behauptet sich eindrucksvoll gegen die Nachbargebäude. Die Mosaiken im Inneren der Chorpartie wurden von Egbert Lammers geschaffen. Zur Ausstattung der Kirche gehört darüberhinaus eine um 1500 entstandene geschnitzte Pietà in spätgotischen Formen. Clemens Holzmeister arbeitete nach seiner Emigration aus Nazi-Deutschland in der Türkei. Von seinen Lebensdaten ist – wie bei Beer und Wolff – wenig bis nichts bekannt.

Den kompromißlosesten unter den hier genannten Entwürfen lieferte zweifellos der Architekt Wolff zum Neubau der Universitäts-Frauenklinik ab. Das dreigeschossige, langgestreckte Gebäude mit Putzfassade verzichtet auf jegliche Ausschmückung. Die dichtgedrängten Fensterreihen, ohne daß sie ausdrücklich zu Bändern angeordnet wurden, sorgen für die Betonung der Horizontalen. An der Ecke zur Monbijoustraße rundet sich der Bau und erhält durch das zurückgesetzte gläserne Geschoß mit dem weit ausgreifenden Flachdach eine turm- und bellevueartige Wirkung. Wie hier allein aus der Form des Baukörpers Bewegung und Gliederung erzeugt wurde, nötigt noch heute, trotz des inzwischen schlechten Gesamtzustandes des Gebäudes, Bewunderung ab.

Nachdem seit Mitte der dreißiger Jahre im Viertel kaum noch gebaut worden war und in der Nachkriegszeit lediglich notdürftige Reparaturen an den beschädigten Häusern durchgeführt wurden, begann erst Anfang der achtziger Jahre wieder eine nennenswerte Bautätigkeit. Auf einigen seit Kriegsende aufgelassenen Grundstücken entstanden an der Linien- und Großen Hamburger, sowie an der Alten Schönhauser Straße und der Almstadtstraße mehrere Plattenbaukomplexe, die hier und da mit ihren Dachformen oder ihrer Fassadengliederung durch Erker und Risalite, durch Betonungen der Eck- und Eingangsbereiche auf die historische Substanz Bezug nahmen. Leider wurden dabei auch »im Wege stehende« Altbauten abgerissen oder noch vorhandene Hofanlagen »entkernt«.

Blick vom S-Bahnhof Börse (heute S-Bahnhof Hackescher Markt) in die Neue Promenade um 1933. Rechts das einstige Haus der Karschin, links in den Nr. 5 und 6 sind heute der Rowohlt Verlag Berlin bzw. der Aufbau Verlag untergebracht.

Die Vorstadt literarisch

Zu einem Ort der Künste und der Literatur entwickelte sich Berlin erst spät. Im Mittelalter noch ohne jede kulturelle Ausstrahlung hatte zwar die Renaissance schon Spuren hinterlassen; der Dreißigjährige Krieg aber unterband allen weiteren Fortschritt. Lange brauchte die Stadt, um sich von den verheerenden Folgen zu erholen. Künstlerisch Bedeutsames entstand zunächst in der Architektur und bildenden Kunst. Erst in der zweiten Hälfte des 18. Jahrhunderts meldete sich mit der Aufklärung auch die Literatur zu Wort.

Nicolai mit seinen »Blättern, die neueste Litteratur betreffend« (1759–65) und der »Allgemeinen deutschen Bibliothek« (1765–1805) sowie Spener mit seiner »Berlinischen Monatsschrift« (1783–1796) schufen der jungen Literatur Sprachrohr und Podium. Moses Mendelssohn und Lessing kamen in die Stadt, Ramler und die Karschin.

Wohnte und traf man sich anfangs ausschließlich im alten Berlin-Cölln, so wurde ab Ende des 18. Jahrhunderts auch die Spandauer Vorstadt zu einem beliebten Viertel der geistigen Welt. Als Treffpunkte dienten das Logenhaus und die »Ressource zur Unterhaltung« in der Oranienburger Straße.

Zu denen, die ihren Wohnsitz in das Quartier verlegten, gehörte Anna Louise Karschin (1722–1791). In der Kommandantenstraße (seit 1840 Neue Promenade) ließ ihr König Friedrich Wilhelm II. ein Haus erbauen. Es stand dort, wo sich heute am S-Bahnhof Hackescher Markt, zwischen Zwirngraben und Neuer Promenade, eine kleine, dreieckige Grünfläche befindet. Zum Hausbau und der Schenkung gab es eine Vorgeschichte. In mehreren ihrer Gedichte hatte sie König Friedrich II. gefeiert. Das Lob war willkommen, und derart ermuntert, wagte sie, für sich, die alleinstehende Mutter, ein Haus zu erbitten. Ihr geliebter Monarch speiste sie mit zwei Talern ab, die sie ihm, so mutig sind nur Frauen, entrüstet zurücksandte. Auch neuerliche Bitten an den König halfen nichts. Erst Friedrichs Neffe, Nachfolger auf dem Thron, ließ sich ins Wort nehmen.

Die Karschin, als Anna Louise Dürbach auf einem Meierhof zwischen Züllichau und Crossen geboren, entstammte einfachsten Verhältnissen. Früh wurde sie an einen Mann verheiratet, der sich, als sie mit dem dritten Kinde schwanger ging, von ihr scheiden ließ. Es war nach der Einführung des entsprechenden Gesetzes die allererste Ehescheidung in Preußen! Der zweite Mann, ein ewig besoffener Schneider, schlug sie häufig und vermochte weder sich noch die inzwischen auf vier Kinder angewachsene Familie zu ernähren. Seiner entledigte sie sich, indem sie ihn Soldatenwerbern in die Fänge trieb. Mit Stegreifgedichten, mit Versen für Taufen, Hochzeiten, Begräbnisse hielt sie sich fortan über Wasser, mehr schlecht als recht. Von ihrem poetischen Naturtalent erfuhren Adlige; staunend wurde sie herumgereicht. Gönner fanden sich, die sie unterstützten. Schließlich kam sie nach Berlin, wo die Aufklärer sie umwarben und nach dem Erfolg ihrer ersten Gedichtsammlung Nase rümpfend fallen ließen.

Anna Louise Karschin fühlte sich Gleim und seinem anakreontischen Kreis verbunden. Sie war die erste Frau in Deutschland, die sich ihren Lebensunterhalt schreibend verdiente. Ihr Schriftstellerleben allerdings blieb bis ins Alter materiell ungesichert. Bittbriefe an Gönner und Petitionen an den König gehörten zur Mühsal des Alltagsgeschäfts. Ihre Gedichte erreichten nie das lyrische Raffinement des angebeteten Gleims und wirken gerade deshalb wahrhaftiger. Sie hat jede Menge Schauderhaftes produziert, auch ungewollt Komisches, das zu Recht vergessen wurde. Berlin, vor allem die

Nähe zum Königlichen Hof, war ihrer Begabung wenig förderlich. Daß selbst ihre besseren Arbeiten kaum noch jemand kennt, hat sie jedoch nicht verdient. Auf dem Sophienkirchhof, wo sie beigesetzt wurde, wird mit einer Tafel an sie erinnert.

1796, fünf Jahre Jahre nach dem Tod der Karschin, zog der Dichter Carl Wilhelm Ramler in das gegenüber gelegene Haus, Neue Promenade Nr. 5. Es gehört zur Erstbebauung am Hackeschen Markt und hat die Zeitläufte überdauert. Ursprünglich in drei Geschossen errichtet, war es Mitte des 19. Jahrhunderts aufgestockt und hofseitig mit einem Treppenturm ausgestattet worden. Die sehenswerte Gesamtanlage – mit Seitenflügeln und Quergebäude – ist erst vor kurzem restauriert worden. Im Hause hat heute der Rowohlt Verlag Berlin Büros. Der Name des im Erdgeschoß befindlichen Restaurants »Wurach« erinnert an den einstigen Besitzer der Werkstatt für Ophthalmologie und Chirurgie im Hof.

Carl Wilhelm Ramler (1725–1798) bezog die Wohnung nach seinem Ausscheiden aus dem Königlichen Nationaltheater, das er von 1790 bis 1796 geleitet hatte. Die stille Vorstadtstraße ist zu der Zeit mit »wohlgebauten Häusern besetzt« und »längs dem Graben sind Lindenbäume gepflanzt«. (Friedrich Nicolai). Ramler, der Junggeselle, lebte hier in seinen letzten Jahren sehr zurückgezogen. Die schöpferische Zeit lag hinter ihm, neue Namen gingen am literarischen Himmel auf.

Aus Kolberg, seiner Vaterstadt, war er 1746 zunächst nach Halle/Sa. zum Studium und wenig später nach Berlin gegangen. Er belegte die Fächer Medizin, Theologie und Philologie und trat, wie so viele unbemittelte Akademiker vor und nach ihm, eine Hauslehrerstelle an. Mit dreiundzwanzig Jahren (undenkbar heute!) erhielt er eine Professur an der Kadettenschule. Neben der Lehrtätigkeit erwarb er sich bald auch einen Ruf als Dichter, Herausgeber und Übersetzer antiker Werke. Hochgelobt seine pathetischen Oden, die den klassischen Regeln so vollkommen entsprachen.

Er war eng mit Lessing, Nicolai und Moses Mendelssohn befreundet. Wie sie gehörte er zu den Beiträgern der berühmten Zeitschrift »Briefe, die neueste Litteratur betreffend«. Zusammen mit Lessing gab er die in Vergessenheit geratenen Sinngedichte Friedrich von Logaus, einem Dichter aus der Zeit des Dreißigjährigen Krieges, heraus. Anders als Lessing aber, der sich nach seinem Weggang aus Berlin überaus kritisch mit König Friedrich II. auseinandersetzte, blieb er seinem Landesherrn huldvoll ergeben. Die Berufung zum Direktor des Nationaltheaters, eine auskömmliche Altersversorgung und die bereits 1786 erfolgte Aufnahme in die Akademie der Wissenschaften, die dem Juden Moses Mendelssohn verweigert wurde, waren der fürstliche Dank für mannigfaltige lyrische Beweihräucherungen. Wie die Karschin fand auch er seine letzte Ruhestätte auf dem Sophienkirchhof. Eine Erinnerungstafel befindet sich an der Südseite des Gotteshauses.

In der Neuen Promenade schlugen in den folgenden Jahrzehnten mehrere Prominente ihre Zelte auf. Von 1800 bis 1806 wohnte im Haus Nr. 9/10, es wurde beim Bau der S-Bahn abgerissen, der Philosoph Johann Gottlieb Fichte (1762–1814). Seine patriotischen »Reden an die deutsche Nation« hatten ihn bekannt gemacht. Er wurde 1811/12 der erste gewählte Rektor der neu gegründeten Berliner Universität. Ein weiterer Bewohner des Hauses war der Bankier Simon Veit. Ihm gab Moses Mendelssohn seine Tochter Dorothea zur Frau. Sie trennte sich später von dem ungeliebten Mann und heiratete den dichtenden Kulturphilosophen Friedrich Schlegel. Im Haus Nr. 7 schließlich bezog der Bankier Abraham Mendelssohn, der Bruder Dorotheas, mit seiner Familie Quartier. Ehe er sich 1825 am Potsdamer Platz ein Haus bauen ließ, fanden hier die sonntäglichen Konzerte mit opulenten Mahlzeiten statt, zu denen fast alle, die in der Berliner Kulturwelt Rang und Namen hatten, erschienen. Das Wunderkind der Familie, Felix, der später zum Christentum übertreten und sich Mendelssohn Bartholdy nennen wird, brillierte bei diesen Hauskonzerten als Pianist.

Zu seinen Berliner Lehrern gehörte Carl Friedrich Zelter. Der wohnte, keine fünf Minuten entfernt, in der Münzstraße,

Ecke Alte Schönhauser. An der Stelle steht heute ein 1891/92 von dem Büro Poetsch & Bohnstedt im Stil der Neorenaissance errichteter Wohn- und Gewerbehofkomplex, der die Hausnummern 21–23 trägt und seinerzeit mit einem Architekturpreis bedacht worden war.

Zelter war 1758 in dem Vorgängerhaus auch geboren worden, obwohl eine, noch von Schinkel geschaffene, Gedenktafel in Petzow dasselbe behauptet. In Petzow verbrachte der Sohn eines Berliner Bauunternehmers aber alljährlich seine Sommerferien, da der Vater im Ort eine Ziegelei besaß.

Nicht nur als Direktor der Berliner Singakademie war er eine für das kulturelle Leben der Stadt ungemein wichtige Persönlichkeit. Er und Felix Mendelssohn Bartholdy leiteten im 19. Jahrhundert die Wiederentdeckung Johann Sebastian Bachs ein, dessen Werke fast vergessen waren. Auch als Komponist machte er sich einen Namen. Er vertonte viele Gedichte Goethes; daraus entstand eine Freundschaft, die mit dem »Du« besiegelt wurde und lebenslang hielt. Er genoß Privilegien, die der Weimarer Dichterfürst sonst niemandem zugestand – in dessen Anwesenheit zu rauchen und eine Brille zu tragen. Zum Dank wurde Goethe aus Berlin regelmäßig mit den geliebten Teltower Rübchen versorgt.

Auf Wunsch des Vaters hatte Zelter Maurer gelernt, um die Firma einmal fortführen zu können. Um die Ausbildung seines musikalischen Talentes mußte er hart ringen. Erst nach der Prüfung als Maurermeister wurde ihm ein Tag in der Woche für das musikalische Studium gewährt. Im Jahre 1800 übernahm er von Carl Friedrich Fasch die Leitung der Singakademie. Als der inzwischen weit über Berlin hinaus bekannte Chor 1827 endlich ein eigenes Konzerthaus erhielt (das heutige Maxim-Gorki-Theater), bezog Zelter eine dort für ihn eingerichtete Dienstwohnung. Er starb 1832 und wurde auf dem Sophienkirchhof beigesetzt. Seine Grabstätte gehört zu den Ehrengrabmälern der Stadt Berlin.

Nur wenige Schritte von der Neuen Promenade, am Monbijouplatz, erinnert ein Denkmal an den Dichter und Natur-

Denkmal für Adelbert von Chamisso
am Monbijouplatz

forscher Adelbert von Chamisso (1781–1838). Als der Fünfzehnjährige 1796 mit seiner Familie nach Berlin kam, lag bereits eine Odyssee hinter ihm. Sein Vater, der Comte de Chamisso, hatte sich in der Französischen Revolution als Offizier auf die Seite der Krone gestellt und alles verloren. Stationen der Flucht waren Lüttich gewesen, Haag, Düsseldorf, Würzburg und Bayreuth.

In Berlin war einer der Söhne des Comte inzwischen als Hauslehrer bei den einflußreichen Dutitres untergekommen und hatte bei Friedrich Wilhelm II. erwirkt, Eltern und Geschwister in die preußische Hauptstadt nachkommen zu lassen. Offenbar berührt vom Schicksal dieser lothringischen

Adeligen, wurde Louis Charles Adelaide (er nahm später den Vornamen Adelbert an) von der königlichen Familie als Page angestellt. Den Dienst hatte er im Schloß Monbijou zu verrichten, nachmittags. Am Vormittag besuchte er das Französische Gymnasium.

Mit großem Fleiß widmete er sich den schulischen Aufgaben. Weniger lag seinem nach Unabhängigkeit strebenden Charakter der Dienst als Edelknabe. Überliefert ist, daß ihm die Ausfahrten der Königin, bei denen die Pagen auf dem Wagentritt zu stehen hatte, besondere Qualen bereiteten.

Von der militärischen Laufbahn, die er nach Abschluß des Gymnasiums antrat, mochte er sich deshalb mehr versprochen haben, als diese zu halten imstande war. Nach der Militärakademie zum Fähnrich ernannt, trat er 1798 ins Linien-Infanterieregiment von Goetze ein. Zwei Jahre später war er Leutnant, aber nun schon ohne jede Illusion über seine Aussichten beim Militär. Bereits 1801 spielte er mit dem Gedanken, den Abschied einzureichen. Jedoch erst nach der Niederlage der preußischen Armee bei Jena und Auerstädt, gelang es ihm, den Dienst zu quittieren.

Befreit von den äußeren Zwängen, entfaltete sich rasch seine literarische und naturwissenschaftliche Begabung. Auf eigene Kosten betrieb er botanische, zoologische und medizinische Studien. 1813 legte er mit den »Anmerkungen zu Kunths Flora von Berlin« seine erste Schrift auf dem Gebiet der Botanik vor. Im selben Jahr, als Gast der Familie Itzenplitz im Oderbruch, schrieb er die Novelle »Peter Schlehmils wundersame Geschichte«, die ihn mit einem Schlag in der literarischen Öffentlichkeit bekannt machte. Sein Wirken als Dichter und Naturforscher, er nahm als Botaniker an der Weltumsegelung unter Krusenstern teil und wurde später Direktor des Botanischen Gartens, fand in ganz Europa Anerkennung. Daß er in Deutschland mit Nachdichtungen Bérangers und eigenen Liedern der »Vater« des politischen Gedichtes wurde, auf den sich insbesondere Heinrich Heine berief, wissen heute nur noch wenige.

Zwiespältig blieb Chamissos Verhältnis zu seiner Wahlheimat Berlin. Er, »der Ausländer, der Franzos, der Mischling von zwei Nationen, von denen die eine ihn der andern zuschiebt« [8], erfuhr die gesellschaftlichen Widersprüche um vieles schärfer als andere seiner Generation. Als 1888, zum fünfzigsten Todestag, die von Julius Moser geschaffene Büste ausgerechnet im Monbijou-Park aufgestellt wurde, warf die Wahl des Standortes noch einmal ein bezeichnendes Licht auf das Verständnis, das Preußen seinem unbequemen Halbsohn entgegen zu bringen vermochte. An den Pagen sollte zuerst erinnert werden, nicht an den europäischen Dichter und Gelehrten.

Auf dem heute unbebauten Grundstück Monbijouplatz Nr. 1 wohnte in einem palaisartigen Gebäude seit 1810 der Jurist und spätere Staatsmann Karl von Savigny. Er hatte eine Tochter des Frankfurter Kaufmannes Brentano geheiratet. Deren Schwester Bettina lebte im Haushalt des Paares mit. 1811 ließen sich Bettina und Achim von Arnim ohne alle Förmlichkeiten trauen. Die Hochzeitsnacht verlegten sie mangels eigener Wohnung heimlich in das Haus der Savignys.

Weniger erheiternd gestaltete sich Theodor Fontanes (1819–1898) Ankunft in der Großen Hamburger Straße Nr. 30. Das Haus, an dessen Stelle sich heute die Wohngebäude der Sophiengemeinde befinden, war gerade fertiggestellt worden. Räume und Wände noch feucht, warteten darauf, trocken gewohnt zu werden, als der Sechzehnjährige mit »Onkel August« und »Tante Pinchen« einzog.

»Trotzdem alles ganz neu war, war alles auch schon wieder halb verfallen, häßlich und gemein, und wie der Bau, so war auch – ein paar Ausnahmen abgerechnet – die gesamte Bewohnerschaft dieser elenden Mietskaserne. Lauter gescheiterte Leute hatten hier, als Trockenwohner, ein billiges Unterkommen gefunden: arme Künstler, noch ärmere Schriftsteller und bankrotte Kaufleute, namentlich aber Bürgermeister und Justizkommissarien aus kleinen Städten, die sich zur Kassenfrage freier als statthaft gestellt hatten. Eine Gesamtgesellschaft, in die, was mir damals glücklicherweise noch ein Geheimnis war, mein entzückender Onkel – er war wirklich entzückend – durchaus hineingehörte«, erinnerte er sich in seiner Autobiografie »Von Zwanzig bis Dreißig«. [9]

»Onkel August«, ein Halbbruder seines Vaters, bei dem er während der Berliner Schulzeit wohnte, war mit seinem Malutensiliengeschäft in der vornehmen Burgstraße pleite gegangen. Nicht nur die Ladenräume, sondern auch die im Haus befindliche Wohnung mußten geräumt werden. Der Umzug in die Große Hamburger Straße markierte einen deutlichen sozialen Abstieg. Fontane ist jahrzehntelang auf die Erfahrungen in diesem kleinbürgerlich-proletarischen Milieu nicht mehr zurückgekommen. Als er 1836 seine Apothekerlehre begann und, wie es üblich war, im Haus der Apotheke auch eine Unterkunft bezog, stellte sich überdies noch heraus, daß der Onkel die Mündelgelder veruntreut hatte. Erst im Alter gewann Fontane die nötige Distanz, um sich schreibend mit dieser Phase seines Lebens auseinanderzusetzen. Neben der Autobiografie ist es der Roman »Stine«, den er in der damals noch verwegeneren Gegend vor dem Oranienburger Tor ansiedelte und dessen Schauplätze in die Spandauer Vorstadt hineinreichen.

Die Zeit in der Großen Hamburger Straße hatte indes nicht nur dunkle Seiten. Daß in seinem Zimmer »das Wasser in langen Rinnen die Wände hinunterlief«, darf man ihm abnehmen. Bei der Aufzählung der schillernden Bewohnerschaft aber ging, um das Bild noch kräftiger zu beleuchten, die Fabulierlust mit ihm durch. Neben Handwerkern und mehreren Witwen, unter denen sich wohl auch Prostituierte befanden, gab es im Haus drei Offiziere, drei niederrangige Beamte, zwei Viktualienhändler, aber weder Schriftsteller noch Künstler.

Vor allem aber machte der junge Fontane hier eine Bekanntschaft, die sein weiteres Leben entscheidend beeinflussen sollte. Im Nachbarhaus Nr. 30a wohnte der Commissionsrath Kummer, ein Freund des Onkels, der, so exzentrisch er war, eine elfjährige Pflegetochter in seinem Haushalt hatte, um die er sich liebevoll kümmerte. Ihr Name: Emilie Rouanet. Fontane, der in das Kind vernarrt war, verlor es später für viele Jahre aus den Augen. Als er seine Wanderjahre als Apothekengehilfe und den Militärdienst beendet hatte, traf er die inzwischen junge Dame wieder.

Onkel August, von dem er sich trotz aller Mißhelligkeiten nie wirklich abgewendet hatte, feierte Geburtstag. Fontane war wegen Spätdienst in der Polnischen Apotheke, Friedrich-, Ecke Mittelstraße, verhindert, an der Gratulationscour teilzunehmen. Emilie schickte ihm einen Brief, in dem sie darum bat, daß er sie nach Dienstende, wenn sie von der Geburtstagsfeier käme, nach Hause begleite.

»Und so kam es. Gleich nach zehn Uhr, von wo ab ich frei war, war das Fräulein da. Der noch zurückzulegende Weg war nicht sehr weit, aber auch nicht sehr nah: die ganze Friedrichstraße hinunter bis ans Oranienburger Tor und dann rechts in die spitzwinklig einmündende Oranienburger Straße hinein, wo die junge Dame in einem ziemlich hübschen, dem großen Posthof gegenüber gelegenen Hause wohnte. Da wir beide plauderhaft und etwas übermütig waren, so war an Verlegenheit nicht zu denken, und diese Verlegenheit kam auch kaum, als sich mir im Laufe des Gespräches mit einem Male die Betrachtung aufdrängte: ›Ja, nun ist es wohl eigentlich das beste, dich zu verloben.‹ Es war wenige Schritte vor der Weidendammer Brücke, daß mir dieser glücklichste Gedanke meines Lebens kam, und als ich die Brücke wieder um ebenso viele Schritte hinter mir hatte, war ich denn auch verlobt. Mir persönlich stand dies fest. Weil sich aber die dabei gesprochenen Worte von manchen früher gesprochenen nicht sehr wesentlich unterschieden, so nahm ich plötzlich, von einer kleinen Angst erfaßt, zum Abschiede noch einmal die Hand des Fräuleins und sagte ihr mit einer mir sonst fremden Herzlichkeit: ›Wir sind aber nun *wirklich* verlobt.‹« [10]

Das Haus, in dem Emilie Rouanet 1845 mit ihrem Pflegevater wohnte, befand sich in der Oranienburger Straße Nr. 33.

Oranienburger Straße Nr. 33 (Zustand 1993)

Nach dem Zweiten Weltkrieg wurde das Trümmergrundstück als Kohlenlagerplatz genutzt. An der Giebelwand des Nachbargebäudes Nr. 34 waren die Umrisse des verschwundenen Haus sichtbar geblieben. Mit dem erst kürzlich errichteten Lückenbau gingen diese letzten Spuren verloren.

Fünf Jahre währte das Verlöbnis, da an Hochzeit wegen der finanziell ungesicherten Verhältnisse Fontanes nicht zu denken war. Als er 1850 im Preußischen Innenministerium eine Anstellung erhielt, konnten beide endlich heiraten. Wenige Wochen später wurde die Abteilung, der er zugeteilt worden war, aufgelöst. Und er stand wieder auf der Straße. Der Geldmangel blieb fortan ständiger Begleiter. Erst der Roman »Effi Briest«, den Theodor Fontane, sechsundsiebzigjährig, veröffentlichte und der auch kommerziell ein Erfolg wurde, brachte am Lebensende einen bescheidenen Wohlstand.

Schräg gegenüber von dem Haus in der Oranienburger Straße, in dem 1845 Emilie Rouanet und ihr Pflegevater Mieter waren, wohnte in Nr. 67 der damals bereits betagte Friedrich Wilhelm Heinrich Alexander von Humboldt (1769–1859). Das zweigeschossige Gebäude, das er 1842 mit seinem Diener Seifert bezogen hatte, stand im hinteren Teil des Grundstükkes. Hier, im »sibirischen Stadtviertel«, wie er es nannte, fand er die Ruhe, die er für die Arbeit benötigte. Die Wohnung hatte ihm sein Freund, der Bankier Joseph Mendelssohn, der Bruder von Abraham und Dorothea, zur Verfügung gestellt.

Von seiner Jugendzeit an verkehrte Humboldt in den intellektuellen Zirkeln der Stadt, die sich um Persönlichkeiten wie Moses Mendelssohn, Henriette Herz oder Rahel von Varnhagen gebildet hatten. Der Weltbürger verweigerte sich den weitverbreiteten Vorbehalten gegenüber der jüdischen Minderheit. Ihn als »Judenknecht« bezeichnend, versuchten die Nazis sein Wirken deshalb herabzusetzen.

Am Vorderhaus der Oranienburger Straße Nr. 67, das erst Ende des 19. Jahrhunderts errichtet wurde und die alte Bebauung ersetzte, erinnert eine Gedenktafel an den berühmten Mieter. Humboldt, der siebzehn Jahre lang auf dem Grundstück gewohnt hatte, befaßte sich hier bis zuletzt mit der Arbeit an der mehrbändigen Ausgabe des »Kosmos«, dem Haupt- und Alterswerk seines Schaffens. Er starb wenige Monate vor seinem neunzigsten Geburtstag.

In die Große Präsidentenstraße, die, anders als ihr Name erwarten läßt, eine kleine Straße ist, und den Hackeschen Markt mit dem Monbijouplatz verbindet, zog am 1. April 1888 ins Haus Nr. 10 der junge japanische Militärmediziner Mori Ogai ein. Im dritten Stock als Untermieter wohnend, stand ihm hier ein freundlich eingerichtetes Balkonzimmer zur Verfügung. Das Gebäude, das zum Eckkomplex an der Westseite des Hackeschen Marktes gehört, war 1871 im Auftrag der Kaufleute Hermes & Hey in repräsentativen Formen errichtet worden. Heute ist kaum noch etwas von dieser Pracht erhalten. In der Neuen Promenade Nr. 3, die Teil der Gesamtanlage ist, finden sich noch die aufwendige Treppe im Neorenaissancestil und der dekorativ gestaltete Hausbrunnen.

Mit der Pferdebahn fuhr Mori von hier aus allmorgendlich zur Kaserne in der Friedrichstraße, wo er zeitweilig Revierdienst beim II. Infanterieregiment der Kaiserlichen Garde leistete. Nachzulesen in seinem »Deutschlandtagebuch 1884–1888«. Nach dem Medizinstudium in Tokio und dem Eintritt ins Kriegsministerium war er von der japanischen Regierung nach Deutschland entsandt worden, um zunächst in Leipzig und München, ab 1887 in Berlin, Hygiene sowie das Militärsanitätswesen zu studieren. Nach seiner Rückkehr begann eine steile Karriere, die ihn, seit 1907 im Rang eines Generaloberarztes, bis an die Spitze des japanischen Militärmedizinwesens brachte.

Genannt wird sein Name heute als Schriftsteller. Er zählt zu den modernen Klassikern in seinem Land. In der Novelle, »Das Ballettmädchen« (auch unter dem Titel »Die Tänzerin«) bediente er sich als erster der Ich-Erzählform in der japanischen Literatur. Die in Berlin angesiedelte und eigene Erlebnisse verarbeitende Geschichte hatte in seiner Heimat eine ähnliche Wirkung wie Goethes »Leiden des jungen Werther« in Deutschland. Sein in viele Sprachen übersetztes Gesamtwerk umfaßt Gedichte und Erzählungen, Romane und Essays. Auch als Mittler zwischen den Kulturen machte er sich verdient und übersetzte Goethe, Kleist, E.T.A Hoffmann und andere ins Japanische.

Mori Ogai (1862–1922), eigentlich Mori Rintaro, wird in Berlin mit einer Gedenkstätte geehrt, die sich in der Luisenstraße Nr. 39, Ecke Marienstraße Nr. 32 befindet. Hier wohnte er, bevor er in die Klosterstraße und von dort aus in die Große Präsidentenstraße zog. Hier erinnert die Mori Ogai Galerie mit ihrem Namen an den Schriftsteller. Die unweit des Hackeschen Marktes gelegene Monbijoustraße verwendete Mori ebenso wie die Klosterstraße als Adressen für die beiden Hauptfiguren seiner Novelle »Das Ballettmädchen«.

Als ebenfalls junger Mann zog Gerhart Hauptmann (1862–1946) in die Spandauer Vorstadt. Die angemieteten Zimmer in der Kleinen Rosenthaler Straße Nr. 11, gegenüber dem Alten Garnisonfriedhof, teilte er sich mit seiner Verlobten Marie Thienemann. Es war für den aus dem schlesischen Obersalzbrunn Stammenden die erste Bleibe in der Reichshauptstadt. In der Autobiografie »Das Abenteuer meiner Jugend« erinnerte er diese Zeit:

»Wir waren nach Berlin gekommen, wir wußten nicht wie, als wir in der Lehrter Bahnhofshalle ausstiegen ... Wir kamen im Rosenthaler Viertel unter. Es ist eine Gegend, die man kennen muß, um zu wissen, daß sie mit dem Westen Berlins nicht in einem Atem zu nennen ist. Wir hatten Zimmer im ersten Stock und blickten auf einen Kirchhof hinaus ... Um das Rosenthaler Tor sah ich Berlin aus der Froschperspektive. Dort wurde man mit den Strömungen der Massen hin und her bewegt, jederzeit in Gefahr, darin zu versinken. Wie oft beim Scheine des nächtlichen Gaslichts habe ich mich von ihnen drängen und schieben lassen, von der unendlich bunten Fülle menschlicher Typen in Bann gehalten ... Man war beinah kein einzelner mehr, sondern war in den Volkskörper, in die Volksseele einbezogen. Man erlebte hier weniger sich als das Volk und war mit ihm ein Puls, ein und dasselbe Schicksal geworden.« [11]

Ähnlich schildert Theodor Fontane in dem 1890 erschienenen Roman »Stine« die Gegend, als das Mädchen Olga auf ihrem Botengang durch die Chausseestraße vom Strom eines Trauerzuges in Atem gehalten wird. Ein Jahr zuvor, 1889, hatte sich der Theaterkritiker Fontane vehement für Hauptmanns umstrittenes sozialkritisches Stück »Vor Sonnenuntergang« eingesetzt.

Das kulturelle Leben der Stadt verlagerte sich nun mehr und mehr in Richtung Westen. Charlottenburg und Tiergartenviertel waren die bevorzugten Wohngegenden geworden. Allenfalls junge und unbemittelte Literaten schlugen noch kurzzeitig ihre Zelte in der Spandauer Vorstadt auf. So bezogen Hermann Sudermann (1857–1928), Max Halbe (1865–1944) oder Christian Morgenstern (1871–1914) Studentenbuden im Viertel.

Daß 1909 in den Hackeschen Höfen der expressionistische »Neue Club« aus der Taufe gehoben wurde, war bereits die Ausnahme von der Regel. Zu den Gründern gehörten Ernst Blass (1890–1939) und Hans Davidsohn, der aus seinem Namen ein Anagramm gebildet hatte und sich als Dichter Jakob van Hoddis nannte. Sein Gedicht »Weltende« leitete die berühmte, von Kurt Pinthus 1919 herausgegebene, Lyriksammlung »Menschheitsdämmerung« ein.

Jakob van Hoddis, Sohn eines Berliner Arztes, wurde 1887 im Berliner Osten, Der grüne Weg Nr. 69 (heute Singerstraße), geboren. Er studierte in München, Jena und Berlin, zunächst Architektur, dann Griechisch und Philologie. Erste Anzeichen von Schizophrenie zwangen ihn, 1912 sein Studium abzubrechen. Es folgte, immer wieder unterbrochen von Klinikaufenthalten, ein unstetes Wanderleben zwischen Berlin, München und Paris. 1918 erschien sein erster und einziger zu Lebzeiten veröffentlichter Gedichtband. Seit 1933 war er in der Heilanstalt Bendorf-Sayn bei Koblenz untergebracht. 1942 wurde er mit den anderen Patienten von der SS deportiert und auf dem Transport ins Konzentrationslager ermordet.

Van Hoddis' visionäre, durch Ironie gebrochene Gedichte, vor allem sein assoziativer und simultaner Stil beeinflußten nachhaltig die literarische Generation vor und nach dem Ersten Weltkrieg. Unverkennbar ist sein Einfluß auf Alfred Döblin, der in »Berlin Alexanderplatz« (1929) das Scheunenviertel und die Spandauer Vorstadt zu Schauplätzen seines Romans machte.

Franz Biberkopf, Hauptfigur des Buches, hat in der Haftanstalt Tegel seine Strafe wegen Totschlags abgesessen und ist entlassen worden. Das Leben der Stadt stürmt auf ihn ein:

»Schreck fuhr in ihn, als er die Rosenthaler Straße herunterging und in einer kleinen Kneipe ein Mann und eine Frau dicht am Fenster saßen: die gossen sich Bier aus Seideln in den Hals, ja was war dabei, sie tranken eben, sie hatten Gabeln und stachen sich damit Fleischstücke in den Mund, dann zogen sie die Gabeln wieder heraus und bluteten nicht ... Er wanderte die Rosenthaler Straße am Warenhaus Tietz vorbei, nach rechts bog er ein in die schmale Sophienstraße. Er dachte in dieser Straße ist es dunkler, wo es dunkel ist, wird es besser sein ... Die Wagen tobten und klingelten weiter, es rann Häuserfront neben Häuserfront ohne Aufhören hin. Und Dächer waren auf den Häusern, die schwebten auf den Häusern, seine Augen irrten nach oben: wenn die Dächer nur nicht abrutschten, aber die Häuser standen grade.« [12]

Alfred Döblin, 1878 in Stettin geboren, übersiedelte zusammen mit der Mutter und den Geschwistern als Zehnjähriger nach Berlin. Der Vater hatte die Familie verlassen und war nach Amerika ausgewandert. Im Osten Berlins fand man eine Bleibe und wohnte später eine Zeitlang auch im Grünen Weg, in demselben Haus, in dem Hans Davidsohn das Licht der Welt erblickte hatte. Schon in seiner Zeit als Gymnasiast begann Döblin zu schreiben. Ab 1902 studierte er in Berlin und Freiburg i.B. Medizin. 1911 ließ er sich nahe des Alexanderplatzes als Kassenarzt nieder. Ein Jahr zuvor hatte er die expressionistische Zeitschrift »Der Sturm« mitbegründet, deren ständiger Mitarbeiter er wurde. 1920 erhielt er für seinen zweibändigen Roman »Wallenstein« den Kleist- sowie den Fontanepreis. 1928 erfolgte seine Wahl in die Preußische Akademie der Künste.

Seine Schriften zählten zu denen, die am 10. Mai 1933 von den Nazis verbrannt wurden. NS-Studenten und SA-Leute hatten sich, bevor sie zum Opernplatz, dem Ort der Bücherverbrennung marschierten, im alten »Ressource«-Haus, in der Oranienburger Straße versammelt. Einst Treffpunkt des geistigen Lebens, war es nun eine Adresse des Ungeistes geworden. Bildhafter konnte die Bankrotterklärung eines Staatswesens nicht sein.

Alfred Döblin, als Antifaschist und Jude doppelt verfolgt,

emigrierte nach Paris und erwarb 1936 die französische Staatsbürgerschaft. Weitere Stationen seines Exils wurden Portugal und die USA. Nach dem Krieg kehrte er nach Deutschland zurück und arbeitete für die Kulturbehörde der Französischen Militäradministration. 1953, enttäuscht sowohl von der politischen Entwicklung in beiden Teilen Deutschlands als auch von dem Desinteresse, das seinem literarischen Wirken entgegengebracht wurde, zog er sich nach Paris zurück. Er starb 1957 in Emmendingen bei Freiburg i.B. Am Tag zuvor war ihm, eine längst überfällige Würdigung seines Schaffens, der Literaturpreis der Bayerischen Akademie der Schönen Künste zugedacht worden.

In unmittelbarer Nachbarschaft der einstigen »Ressource«, im Eckhaus Krausnickstraße Nr. 1, wurde Alfred Kantorowicz 1899 geboren. Er entstammte einer Kaufmannsfamilie, die zuvor in der Oranienburger Straße Nr. 27, dem heutigen Kunsthof, gewohnt hatte und vor der Geburt des Sohnes umgezogen war. Später übersiedelte die Familie in den Westen der Stadt, zum Holsteiner Ufer. Kantorowicz machte sich bereits in den zwanziger Jahren einen Namen als Journalist und Literaturkritiker. Er gehörte beim Machtantritt der Nazis zu den ersten einhundert aus Deutschland ausgebürgerten Persönlichkeiten.

Zwischen 1936 und 1938 nahm er an der Verteidigung der Spanischen Republik teil und wurde nach dem Einmarsch der Hitlertruppen in Frankreich, wohin er 1933 emigriert war, vom Vichy-Regime interniert. Wie Lion Feuchtwanger, Heinrich Mann und einigen anderen gelang auch ihm die abenteuerliche Flucht in die USA. 1946 kehrte er nach Deutschland zurück und arbeitete als erster über die im Exil entstandene deutsche Literatur. Zunächst als Professor an der Humboldt-Universität tätig, verließ er 1957, längst in Widerspruch zur stalinistischen Politik geraten, die DDR. Auch in der Bundesrepublik blieb er ein kritischer Beobachter des Zeitgeschehens, der zwischen allen Stühlen saß. Viele seiner Bücher, wie das »Spanische Kriegstagebuch« oder »Exil in Frankreich«,

Sophiensäle, Weißer Saal (1915)

sind heute vergriffen und harren ihrer Wiederentdeckung. Kantorowicz starb 1979 in Hamburg.

Sehr bewußt war die Sophienstraße von linken und kommunistischen Autoren als Gründungsort des Bundes proletarisch-revolutionärer Schriftsteller gewählt worden. Im Haus Nr. 17/18 hatte der Berliner Handwerkerverein seinen Sitz. Dessen Geschichte reichte bis 1844 zurück. Nach der achtundvierziger Revolution vom König verboten, wurde er erst zehn Jahre später wieder zugelassen. Anfang des 20. Jahrhunderts erwarb der Verein das hier befindliche Doppelgrundstück. Mit den Umbauten am Vorderhaus (u.a. Einbau des Terrakottaportals) hatte man das Architekturbüro Kampfmeyer beauftragt, das auch die Pläne für die in Form eines H angelegte Hofanlage lieferte. Im Quergebäude wurden mehrere große und kleine Säle untergebracht. In ihnen, den Sophiensälen, fanden vor und nach dem Ersten Weltkrieg viele Großveranstaltungen der Berliner Arbeiterschaft statt.

1928 konstituierte sich hier der Bund proletarisch-revolutionärer Schriftsteller, dem in den Folgejahren nahmhafte Autoren wie Anna Seghers und Ludwig Renn, Georg Lukács und

Egon Erwin Kisch beitraten. Vorsitzender war Johannes R. Becher, der auch die Zeitschrift des Bundes, die »Linkskurve«, herausgab. Becher wurde nach Gründung der DDR ihr erster Kulturminister; von ihm stammten die Strophen zur Nationalhymne, vertont von Hanns Eisler, mit der bekannten Zeile »Deutschland, einig Vaterland«. Als in der DDR der Vereinigungsgedanke aufgegeben worden war, wurde nur noch die Musik der Nationalhymne gespielt, nicht aber mehr der Text gesungen.

In den Jahren des Zweiten Weltkrieges dienten die Sophiensäle als Unterkunft für ausländische Zwangsarbeiter. Zu DDR-Zeiten war in ihnen die Werkstatt des Maxim-Gorki-Theaters untergebracht. Derzeit wird das Haus von freien Theatergruppen genutzt. Zwei Galerien, die asiatische bzw. niederländische Künstler präsentieren, sind ebenfalls im Komplex ansässig.

Abgesehen von Joseph Roths Feuilletons »Nächte in Kaschemmen« oder Döblins Roman »Berlin Alexanderplatz«, der auf fulminante Weise das Quartier der Spandauer Vorstadt zum Schauplatz gemacht hatte, gab es ab den zwanziger Jahren kaum noch Autoren, die sich der Gegend literarisch annahmen. Erich Kästner (1899–1974) bildete eine der Ausnahmen. Die Szenerie seiner Kinderbücher »Emil und die Detektive« sowie »Pünktchen und Anton« reicht in das Viertel (Weidendammer Brücke, Oranienburger Tor, Artilleriestraße) hinein.

Günter de Bruyn (geb. 1926) mit dem Roman »Preisverleihung« und Heinz Knobloch (geb. 1926) mit Büchern wie »Herr Moses in Berlin« oder »Der beherzte Reviervorsteher« gaben in den siebziger und achtziger Jahren dem Viertel wieder ein literarisches Gesicht.

Beth Café in der Tucholskystraße

Jüdisches Leben

Seit 1573, der Hinrichtung des Münzmeisters Lippold und der damit verbunden Ausweisung aller Juden aus der Mark Brandenburg, hatte es hundert Jahre lang kein jüdisches Leben mehr in Berlin gegeben. Erst das Edikt vom 21. Mai 1671, mit dem der Große Kurfürst fünfzig aus Wien vertriebenen jüdischen Familien gestattete, sich in der brandenburgischen Residenzstadt niederzulassen, ermöglichte den Neuanfang. Daß zunächst nur sieben Familien das Angebot des Kurfürsten wahrnahmen, läßt ahnen, unter welch schikanösen Bedingungen die Ansiedlung gestattet wurde.

Galt der Erlaß ohnehin nur für wohlhabende Juden, so wurde ihnen, im Gegensatz zu allen anderen Einwanderern, auch keinerlei Hilfe in Form von Abgaben- und Steuerbefreiung für den Neuanfang gewährt. Am schwersten aber wog das Verbot, eine Gemeinde zu bilden. Der 1672 angelegte Begräbnisplatz vor dem Spandauer Tor und die im selben Jahr gegründete Beerdigungsbruderschaft waren für vierzig Jahre die einzigen übergreifenden Institutionen. Erst 1712 wurde unter König Friedrich I. der Bau eines Gotteshauses in der Heidereutergasse Nr. 4 genehmigt.

Die teuren, aber für das Bleiberecht nötigen, »Schutzbriefe«, dazu die Vielzahl benachteiligender Gesetze und Vorschriften, erschwerten in der Folgezeit sowohl das Wachsen der Gemeinde als auch die Integrationsbestrebungen.

Unter den gegebenen Umständen war es nicht verwunderlich, daß sich der jüdische Bevölkerungsanteil zahlenmäßig nur langsam entwickelte. 1784 wohnten 3372 Juden in der Stadt. Einundvierzig Jahre später, 1825, waren es gerade einmal 3600. Die gesamte Bewohnerschaft bezifferte sich zu dem Zeitpunkt schon auf 217.252.

Innerhalb der jüdischen Minderheit gelang es im 18. Jahrhundert wiederum nur einer verschwindend kleinen Gruppe, überhaupt am kulturellen und gesellschaftlichen Leben der Allgemeinheit teilzuhaben. Es war die mit königlichen Privilegien ausgestattete Oberschicht, die sich aus wenigen Familien zusammensetzte. Daher wird Moses Mendelssohns unablässiges Bemühen verständlich, eine Freyschule zu gründen, in der allen, auch den Kindern aus weniger wohlhabenden Familien, der Zugang zu umfassender Bildung ermöglicht werden sollte.

Moses Mendelssohn (1729–1786) stammte selbst aus einfachsten Verhältnissen und war vierzehnjährig nach Berlin gekommen. Bei dem Oberrabiner Fränkel hatte er Sprachen, Philosophie und Mathematik studiert. 1750 trat er eine Hauslehrerstelle bei dem Seidenfabrikanten Bernhard an, dessen Buchhalter er später wurde. Nach dem Tode seines Brotherren übernahm er als alleiniger Geschäftsführer die Firma. Neben der lebenslangen kaufmännischen Tätigkeit entstand ein umfangreiches literaturkritisches und religionsphilosophisches Werk, das dem Geist der Aufklärung und der Toleranz verpflichtet war und weit ins 19. Jahrhundert hinüber wirkte. Eine seiner bekanntesten, in mehrere europäische Sprachen übersetzten, Schriften erschien 1767 unter dem Titel »Phädon oder über die Unsterblichkeit der Seele«. Von der Akademie der Wissenschaften zum Mitglied gewählt, verweigerte König Friedrich II. die Bestätigung.

Das Eintreten seines Freundes für die Gleichberechtigung der Konfessionen und die Rechte der Juden würdigte Lessing in der Figur des weisen Nathan, im gleichnamigen Theaterstück. Moses Mendelssohn, Goßvater des Komponisten Felix Mendelssohn Bartholdy, wurde auf dem Alten Jüdischen Friedhof beigesetzt. Sein Gedenkgrab erinnert als einziges

Grabmal an die einstige Bestimmung des Ortes, der 1943 auf Befehl der Gestapo zerstört und zu DDR-Zeiten in eine Parkanlage umgewandelt wurde.

Als Schatzmeister und Repräsentant der Jüdischen Gemeinde, als Mitbegründer der Freyschule kümmerte sich Moses Mendelssohn auch um sehr praktische Belange. Daß auf keinerlei staatliche Zuwendungen gehofft werden durfte, machte Vorhaben dieser Art nicht einfacher. Gleichzeitig waren ja auch für die Kranken- und Altersversorgung, entsprechende Mittel aus dem Gemeindevermögen bereitzustellen. In Johann Ludwig Formeys 1796 erschienener Schrift »Versuch einer medicinischen Topographie von Berlin« heißt es zum jüdischen Krankenhaus, das sich in der Oranienburger Straße Nr. 6–8 befand:

»Die Ausgaben in dieser Anstalt betragen jährlich an 4.000 Rthlr.; es ist aber kein festgesetzter bestimmter Fond dazu vorhanden, sondern die Kosten werden jedesmal, so viel sie betragen durch Beiträge herbeigeschaft. Der Arzt ist auch nicht in der Verordnung der Medicamente eingeschränkt; er verschreibt die besten und theuersten ... Die Pflege ist ungemein gut. Die Genesenden sowohl als auch die Kranken, denen es der Arzt erlaubt, bekommen täglich Brühen, Gemüse, Kalb- und Hühnerfleisch, Wein, Caffe u.s.w. Auch in Ansehung der Reinlichkeit hat dieses Lazareth vor sehr vielen der gewöhnlichen Kranken-Häuser große Vorzüge.« [13]

In den zwölf Krankensälen des Hauses konnten bis zu 350 Patienten untergebracht werden. Bemerkenswert an der Einrichtung war nicht nur der hohe Standard in der medizinischen Behandlung, sondern auch, daß sie allen Schichten der Bevölkerung, unabhängig von ihrer Religionszugehörigkeit, offenstand. Der zuständige Arzt, Marcus Herz (1747–1803), hatte in Halle/Sa. Medizin und anschließend in Königsberg bei Immanuel Kant Philosophie studiert. Neben der Tätigkeit als Arzt hielt er in seiner Wohnung auch philosophische Vorträge, zu denen sich die Creme der Berliner Gesellschaft zu versammeln pflegte. Von König Friedrich Wilhelm II. wurde

Alter Jüdischer Friedhof mit dem
Gedenkgrab von Moses Mendelssohn

er 1787 zum Professor ernannt. Seine letzte Ruhestätte befand sich ebenfalls auf dem Alten Jüdischen Friedhof.

Seine Frau, Henriette Herz (1764–1847), geb. de Lemos, etablierte den ersten bedeutenden Salon der Stadt, der zu einem Zentrum der Berliner Romantik wurde. In ihm verkehrten u.a. Prinz Louis Ferdinand, Schleiermacher, die Brüder von Humboldt, Dorothea Veit, Friedrich Schlegel, Jean Paul, Börne. Der Vater von Henriette Herz war der erste Leiter des Jüdischen Krankenhauses gewesen, dessen Nachfolge Markus Herz antrat.

Seit den Stein'schen Reformen von 1808 hatte es mehrere Ansätze gegeben, die rechtliche Situation der jüdischen Min-

Erinnerung an das Jüdische Altersheim
und die Deportationssammelstelle

derheit zu verbessern. Mit der Einsetzung in die Stadtbürgerrechte wurde ihr erstmals die Wahrnehmung des aktiven und passiven Wahlrechts ermöglicht. 1811 folgte die Einführung der Gewerbefreiheit, die den Zugang zu jenen handwerklichen Berufen erschloß, die bis dahin versperrt waren. Mit dem Erlaß vom 11. März 1812 wurden die in Preußen lebenden Juden auch staatsbürgerlich gleichgestellt.

Volle Rechte besaßen sie damit immer noch nicht. In Johann Daniel Friedrich Rumpfs »Fremdenführer für Berlin, Potsdam, Charlottenburg« von 1826 konnte jedermann die Ausnahmen nachlesen: »Darin sind sie jedoch beschränkt, daß sie in Kriminalsachen gegen Christen nicht zeugen dürfen, und zu Lehr- und Schulämtern nicht zugelassen werden dürfen.« Auch alle anderen Staatsämter, das hinzugefügt, blieben ihnen versagt. Selbst der Übertritt zum Christentum bot keine Garantie, in den Staatsdienst übernommen zu werden. Mehr und mehr wurden nun zur Bestimmung dessen, was »jüdisch« sei, rassische und nicht mehr religiöse Begriffe herangezogen.

Starken Einfluß auf diese unsägliche Entwicklung hatte die um Achim von Arnim und Karl von Savigny gescharrte »Christlich-deutsche Tischgesellschaft«, zu der Franzosen und Juden der Zutritt untersagt war. Als 1869 die volle rechtliche Gleichstellung der Juden erfolgte, waren die von Arnim, Fichte, Savigny und anderen aus der Vorstellung eines »rein« christlichen Staates geschöpften Anschauungen weiterhin wirksam und sorgten – als theoretisches Fundament – für das Entstehen immer neuer Vorurteile und eine sich steigernde Judenfeindlichkeit.

Die Reformen am Beginn des 19. Jahrhunderts gestatteten den Berliner Juden immerhin, nun auch Grundstücke und Hausbesitz zu erwerben. Dafür waren früher schwer zu erlangende Sondergenehmigungen erforderlich gewesen. In der Spandauer Vorstadt gab es noch zahlreiche Bauplätze. Entlang des Alten Jüdischen Friedhofes waren außerdem das Krankenhaus und später die Krankenverpflegungs-Anstalt entstanden, so daß sich die Gegend als Wohnviertel durchaus empfahl. Die im alten Berlin, in der Heidereutergasse, befindliche Synagoge blieb bequem zu erreichen. Sie stand nahe des Spandauer Tores.

In den folgenden Jahrzehnten wuchs der jüdische Bevölkerungsanteil allmählich. Das Gemeindeleben entfaltete sich, neue Einrichtungen wurden ins Leben gerufen. 1844 eröffnete in der Großen Hamburger Straße Nr. 26 das erste Jüdische Altersheim Berlins. Der im hinteren Teil des Areals gelegene Begräbnisplatz war 1827 geschlossen worden, blieb aber weiterhin als Anlage erhalten. Neben den Grabmalen von Moses Mendelssohn und Markus Herz befanden sich hier die Gräber des Hofjuweliers Veitel Heine Ephraim (1703–1775), des Silberlieferanten und Münzpächters Daniel Itzig (1725–1799) sowie des Bankiers Jakob Herz Beer (1769–1825), Vater des Komponisten Giacomo Meyerbeer.

Im Jahre 1854 erfolgte in der Johannisstraße Nr. 16 die Einweihung der Reform-Synagoge. Sie stand für den Differenzierungs- und Assimilierungsprozeß, der sich innerhalb des Berliner Judentums vollzog. Wie in den Kirchen gab es keine Trennung nach Frauen und Männer. Die Gottesdienste wurden vorwiegend in deutscher Sprache abgehalten. Die Kopfbedeckung für Männer, das Anlegen von Gebetsschal und Gebetsriemen waren nicht vorgeschrieben. Der Hauptgottesdienst fand wie bei den christlichen Gemeinden am Sonntagvormittag statt. Victor Klemperer (1881–1960), bekannt geworden mit seinem Buch über die Sprache des III. Reiches (LTI), gehörte als Jugendlicher zu den Besuchern der Reform-Synagoge, an der sein Vater als Rabbiner angestellt war. Das Gebäude wurde in der Pogromnacht geschändet und im Krieg zerstört.

Hauptort der Berliner Jüdischen Gemeinde war ab 1866 zweifellos die Neue Synagoge in der Oranienburger Straße. Auch hier hatte sich mit der Einführung der Orgelmusik, des aus Frauen und Männer bestehenden Chores sowie den teilweise in deutscher Sprache gehaltenen Gottesdiensten eine Reform des Ritus vollzogen. Um dieses Zentrum herum entstanden im Laufe der Zeit weitere Institutionen, die das jüdische Leben organisieren und fördern halfen.

Anstelle des alten Diesterwegschen Gymnasiums in der Oranienburger Straße Nr. 28 erbaute Johann Hoeniger um die Jahrhundertwende das Verwaltungsgebäude der Jüdischen Gemeinde. Untergebracht waren hier das Gesamtarchiv der deutschen Juden, die Hauptverwaltung, die Hauptbibliothek und die Freie Jüdische Volkshochschule. Nach dem Krieg begann im Haus der Wiederaufbau der Berliner Gemeinde. Verwaltungsbüros, soziale Dienste und Jüdische Volkshochschule nutzen heute das Gebäude. Im Erdgeschoß befindet sich das bekannte und vielbesuchte Restaurant Oren, das mit Spezialitäten der jüdischen Küche aufwartet.

Durch die Rückübertragung des Grundstückes ist die Jüdische Gemeinde auch wieder Eigentümerin des 1896 errichteten Hauses Oranienburger Straße Nr. 31.

In dem von Bertha und Moritz Mannheimer gestifteten Gebäude hatte, bis zur Schließung im Jahre 1938, das Jüdische Museum seinen Sitz. Die einzigartige Sammlung ging nach der Auflösung der Institution verloren. Die Zentral-Wohlfahrtsstelle und die Jüdische Galerie nutzen heute u.a. das Haus.

Bereits 1872 war von Gemeindebaumeister Hoeniger in der Tucholskystraße Nr. 9 (früher Artilleriestraße Nr. 14) die Hochschule für die Wissenschaft des Judentums fertiggestellt worden. Neben der Rabbiner-Ausbildung nahm die Lehr- und Forschungstätigkeit, die sich dem allgemeinen jüdischen Wissen widmete, einen breiten Raum ein. Die Hochschule mit ihrer wertvollen Bibliothek, die sechzigtausend Bände umfaßte und später im Krieg verlorenging, stand Studierenden aller Konfessionen offen.

Den Bau des Hauses hatte Nathan Bernstein finanziert; durch private Stiftungen und Spenden wurde die finanzielle Unabhängigkeit der Einrichtung gesichert. 1942 mußte der Lehrbetrieb eingestellt werden. Rabbiner Leo Baeck (1873–1956), der seit 1919 an der Hochschule tätig gewesen und 1933 zum Präsidenten der Reichsvertretung deutscher Juden gewählt worden war, zählte zu den letzten verbliebenen Professoren. 1943 wurde er ins KZ Theresienstadt deportiert. Er überlebte und emigrierte 1945 nach England. Das einstige Hochschulgebäude wird derzeit saniert und ist als Sitz des Zentralrates der Juden in Deutschland vorgesehen.

Im Auftrag der 1869 gegründeten Adass Jisroel Gemeinde errichteten Johann Hoeniger und sein Partner Jacob Sedlmeyer das Wohn- und Verwaltungsgebäude in der Tucholskystraße Nr. 40 (vormals Artilleriestraße Nr. 31). Gleichzeitig entstand im zweiten Hof nach den Plänen der beiden Architekten die

Kolbo in der Augustraße

Synagoge. Im Jahre 1907 wurde der Komplex eingeweiht. Vor dem Umzug in die Artilleriestraße hatte sich das Gemeindezentrum in der Gipsstraße Nr. 12a befunden.

1885 war die Israelitische Synagogengemeinde Adass Jisroel offiziell als Religionsgemeinschaft zugelassen worden. Bei aller Offenheit gegenüber der christlichen Umwelt wollte man hier das gesetzestreue Leben und die überlieferten Traditionen bewahren. Mit einem eigenen Krankenhaus, mit mehreren Schulen und weiteren Gotteshäusern sowie einer Vielzahl von rituellen Einrichtungen nahm Adass Jisroel eine wichtige Stellung im jüdischen Leben Berlins ein. Das im Hause gegründete Rabbiner-Seminar, geleitet von Esriel Hildesheimer, bildete seit 1873 orthodoxe Rabbiner aus.

In der Pogromnacht wurde die Synagoge verwüstet, ein Jahr später die Gemeinde von der Gestapo aufgelöst. Die fünfundzwanzigtausend Bände zählende Bibliothek des Rabbiner-Seminars ging vollständig verloren. Das im Krieg zerstörte Gotteshaus überdauerte als Ruine bis 1967. Dann erfolgten Sprengung und Abriß. 1989, im Jahr der politischen Wende, konnte die Gemeinde in den erhalten gebliebenen Teilen des Gebäudekomplexes wieder einziehen. Eine kleine Synagoge ist inzwischen ebenso eingeweiht worden wie die Mikwe, das rituelle Bad. Der Neubau der großen Synagoge im Hof wird vorbereitet. Das Beth Café im Vorderhaus dient als Treffpunkt der Gemeinde und steht darüber hinaus allen Gästen offen. Beaufsichtigt von Adass Jisroel werden im Geschäft Kolbo, Auguststraße Nr. 67, koschere Lebensmittel und traditionelle jüdische Ritualien verkauft.

Außer den großen Institutionen gab es im Viertel eine Reihe von kleinen privaten Einrichtungen, die sich einerseits der Pflege religiöser Traditionen und andererseits den unmittelbaren sozialen Belangen verpflichtet fühlten. So befanden sich in der Gipsstraße Nr. 11 zeitweilig die Privatsynagoge »Mogen David«, in der Gipsstraße Nr. 3 der Israelitische Volkskindergarten und der Kinderhort. Die Straße, in der in den zwanziger Jahren die »Gipsdiele«, eine kleine, unscheinbare Kneipe ansässig war, hielt Joseph Roth in seinen »Kaschemmen«-Berichten fest. Die neu entstandene Gastwirtschaft gleichen Namens erinnert an den österreichischen Journalist und Erzähler.

In der Kleinen Auguststraße Nr. 10 stand die Synagoge des Vereins Ahawas Scholaum, sie brannte in der Pogromnacht aus. Ins Krankenhaus der Jüdischen Gemeinde, das 1914 von der Auguststraße zum Wedding verlegt wurde, zogen später das Mädchenheim des Jüdischen Frauenbundes, die Tagesstätte für Säuglinge, der Kindergarten des Wohlfahrtsamtes, die Kochschule der Gemeinde und mehrere andere Wohlfahrtseinrichtungen ein. Über das einst im Haus ansässige Kinderheim »Ahawah« hat die Berliner Autorin Regina Scheer 1993 ein bewegendes Buch vorgelegt.

Firmen, wie die erste Berliner Filiale der Gebrüder Wertheim in der Rosenthaler Straße Nr. 27, gegründet 1885, oder das Hutgroßhandelshaus Israel in der Gipsstraße, trugen zu einem florierenden Wirtschaftsleben in der Spandauer Vorstadt bei. Nicht gezählt die vielen winzigen Werkstätten in Hinterhöfen und Kellern, die koscheren Bäckereien und Fleischereien des Viertel, die Arztpraxen und Rechtsanwaltskanzleien, die Kneipen und Amüsierbetriebe.

An Otto Weidt (1883–1848) und seine Bürstenfabrik im Hof der Rosenthaler Straße Nr. 39 muß erinnert werden. Weidt, selber kein Jude, stellte in seinem Betrieb blinde jüdische Frauen und Männer ein und gab ihnen auf diese Weise Schutz. Er besorgte Ausweise und Lebensmittel, versteckte sie bei Verhaftungsaktionen und sorgte auch nach dem Krieg mit seinem Vermögen, seiner Tatkraft unter den jüdischen Überlebenden für die Linderung der größten Not. Er selber starb, nachdem er immer wieder Rettung und Hilfe für die Notleidenden öffentlich angemahnt hatte, in bitterster Armut. Die Schriftstellerin Inge Deutschkron, die selbst in Weidts Firma Schutz gefunden hatte, setzte ihm in ihrer Autobiografie »Ich trug den gelben Stern« ein literarisches Denkmal. Erst seit den neunziger Jahren erinnert eine kleine Gedenktafel in der Durchfahrt des Hauses an dieses Beispiel seltener Zivilcourage.

Blick zum Kunsthaus Tacheles Oranienburger Straße

Die Spandauer Vorstadt heute

Ein ausgesprochenes Künstler- und Literatenviertel ist die Spandauer Vorstadt nie gewesen. Nicht im 19. und schon gar nicht im 20. Jahrhundert. Trotz aller Ansätze und trotz jener berühmten Namen, die zeitweilig mit dem Stadtteil verbunden waren. Humboldt hatte hier die Ruhe gefunden, die er für seine Arbeit benötigte; den jungen Fontane hatte ein Mißgeschick in die Vorstadt verschlagen. Für Zeichner wie Heinrich Zille (1858–1929), der häufig mit der Kamera das Gebiet durchstreifte oder für Maler wie Otto Nagel (1894–1967), der Treppenhäuser und Hinterhöfe in seinen Bildern festhielt, war einzig und allein das Alltagsleben in diesem Teil Berlins interessant: das enge Mit- und Nebeneinander von Tradition und Moderne, von Armut und Wohlstand, von Großstadttempo und vorstädtischer Gemächlichkeit. Als Wohnort und Treffpunkt der Avantgarde waren andere Gegenden beliebter.

Zur zunächst »heimlichen« und inzwischen wohl umfänglichsten Kunst- und Kulturmeile Berlins entwickelte sich die Spandauer Vorstadt erst seit der politischen Wende von 1989. Anfang der neunziger Jahre etablierten sich in zumeist maroden Häusern, bei preiswerten Mieten, Galerien, Off-Theater und Szene-Kneipen. Zahllose leerstehende Gebäude wurden von Künstlern besetzt und für Wohn- und Kulturprojekte genutzt.

Das spektakulärste Vorhaben war zweifellos die Besetzung des einstigen Passage-Kaufhauses in der Oranienburger Straße, das von der internationalen Künstlervereinigung Tacheles in ein Kunsthaus mit Wohnräumen und Ateliers, Ausstellungs- und Veranstaltungsräumen verwandelt wurde. Bis heute ist zu erkennen, daß der Gebäudekomplex Krieg und DDR-Zeit lediglich als Ruine überdauert hatte. 1907/08 nach Plänen von Franz Ahrens erbaut, diente das Kaufhaus W. Wertheim seit 1928 als »Haus der Technik«. Nachdem bereits Anfang der achtziger Jahre die ruinöse Hauptfront der Anlage an der Friedrichstraße Nr. 110–112 gesprengt worden war, stand nur noch der Gebäudeteil an der Oranienburger Straße Nr. 54–56a. Den vorgesehenen Abriß verhinderten die Künstler mit ihrer Besetzung. Die Ruine wurde von ihnen baulich gesichert, das Dach neu eingedeckt, Räume wieder hergerichtet. Der fragmentarische Charakter des Baues blieb hingegen gewahrt.

Ein kleineres Wohn- und Kulturprojekt wurde von KULE (Kunst und Leben) in der Auguststraße Nr. 10 ins Leben gerufen. Das Haus konnte inzwischen auch saniert werden. Regelmäßig werden von KULE Hoffeste und Performances veranstaltet. Etliche andere Projekte waren nur von kurzer Dauer; Restitutionsansprüche und damit verbundene Räumungen haben vielen dieser Vorhaben ein vorzeitiges Ende beschert.

Auch in der Galerienszene des Viertels gab es aus diesen Gründen eine hohe Fluktuation. Dennoch haben sich von den allerersten Einrichtungen einige auf dem Markt behaupten können. Zu nennen sind hier u.a. Sophien-Edition, Wohnmaschine, Eigen+Art, Johannes Zielke. Neue Galerien sind in den letzten Jahren hinzugekommen. Allein im Kunsthof, in der Oranienburger Straße Nr. 27, sind mit Detlef Dorow, Hannelore Hintersdorf, Olaf Stüber und Alexander Wolf vier Galeristen ansässig geworden. Sie vertreten mit Arbeiten von internationalen bis hin zu ostdeutschen Künstlern eine breite Palette des Gegenwartsschaffens. Die Internationalität, der Austausch zwischen den Kulturen, ist kennzeichnend auch für die Tätigkeit fast aller Galerien im Stadtteil. Einmal monatlich, samstags, findet der »Galerien-Rundgang« statt, auf

Wohn- und Kulturprojekt KULE
Auguststraße

dem die Arbeitsergebnisse der rund dreißig Aussteller en passant von der interessierten Öffentlichkeit begutachtet werden können. Das Ereignis zieht jedesmal tausende von Besuchern ins Viertel.

Mit dem Hackeschen Hoftheater, dem Varieté Chamäleon, dem Sophien-Club (Hackesche Höfe) oder der Kalkscheune in der Johannisstraße Nr. 2 gibt es eine Reihe von Veranstaltungsorten für Theatervorführungen bzw. Musik aller Richtungen. Eine kaum noch überschaubare Anzahl von Kneipen, Cafés und Restaurants wartet zudem mit eigenen Veranstaltungen auf und bietet darüber hinaus Gaumenfreuden aus beinahe allen Erdteilen an. Die Bewohner des Viertels, die inzwischen vom Säugling bis zum Greis einen Kneipenplatz finden, stehen der Flut gastronomischer Einrichtungen mit gemischten Gefühlen gegenüber. Die teilweise gesalzenen Gewerbemieten verdrängen den Einzelhandel; Lokale ziehen in die Ladenräume ein. Die Einkaufswege werden länger und länger.

Zu den vielfachen Veränderungen in der Spandauer Vorstadt gesellt sich ein umfangreiches Baugeschehen. Zentrumsnah und nicht weit vom entstehenden Regierungsviertel entfernt, durch S- und U-Bahnen, Tram- und Buslinien überdies gut zu erreichen, sind die seit dem Krieg unbebaut gebliebenen Grundstücke des Gebietes mehr als begehrt. Zahlreiche Projekte wurden bereits fertiggestellt, andere stehen kurz vor dem Abschluß. Stellvertetend für die Vielzahl der in den neunziger Jahren realisierten Bauten seien hier zwei interessante Projekte vorgestellt: Die Neuen Hackeschen Höfe und der Gebäudekomplex der Bank für Sozialwirtschaft.

Die Neuen Hackeschen Höfe gehören dabei zu den umfangreichsten Bauvorhaben der Gegend. Die ausgedehnte Fläche an der Nordostseite des Hackeschen Marktes war seit Abräumung der Ruinen als Grünanlage und Parkplatz genutzt worden. Hier hatte sich das Revier befunden, von dem aus die Polizisten in der Pogromnacht, am 9. November 1938, zur Oranienburger Straße eilten, um die Zerstörung der Synagoge durch SA-Leute zu verhindern.

Das Architekturbüro Götz Bellmann & Walter Böhm, das den Masterplan vorlegte und für die Gesamtkoordination verantwortlich war, verstand ihr Vorhaben an dieser Stelle als »Stadtreparatur«, nicht als »Neuentwicklung«: »Die Idee des Projektes sucht ihre städtebaulichen Vorbilder im 18. und 19. Jahrhundert, in der Enge der Stadt, in der Kleinteiligkeit und Maßstäblichkeit der Häuser, im Auf und Nieder von Traufen, Dächern und Giebeln, in der Lebendigkeit von Fassaden und deren Reiztiefe, in der Enge der Berliner Höfe, in der Identität jedes Hauses als Einmaligkeit und ›Adresse‹,

Bank für Sozialwirtschaft Oranienburger Straße

und nicht zuletzt in der Bildhaftigkeit von Architektur in dem bescheidenen Versuch des Wiederauflebens der von uns in der Klassik immer wieder bewunderten ›Trinität‹ der Künste – Architektur, Malerei und Plastik.« [14]

Bei der Gestaltung des Ensembles wurde das historische Formenvokabular allerdings nicht einfach adaptierend, sondern interpretierend aufgegriffen. Bei aller Vertrautheit, die die Gebäude im Ganzen und im Detail (Säulen, Gaupen, Turmuhr usw.) ausstrahlen, findet mit den optisch bewegten Fassaden oder der Wahl von Materialien und Farben eine sehr heutige Bauauffasung ihren Ausdruck. Ohne das geschichtlich Gewachsene zu ignorieren, ist sie doch weit entfernt von einem neuen Historismus.

Dem Komplex liegen, die Eigenart der einzelnen Gebäude zusätzlich hervorhebend, Einzelhausentwürfe zugrunde. Sie stammen von den Berliner Architekten Bellmann & Böhm (Haus 1, 3, 7, 9–12), Martina Guddat, Annette Bellmann und Sabine Kattusch (Haus 2, 4), Neuer und Jasinski (Haus 6, 8) sowie von dem Zürcher Architekten Marc Kocher (Haus 5). Als Bauherren zeichnen Hackescher Markt GbR, Wohnungsbaugesellschaft Berlin Mitte und Bassmann Bau AG verantwortlich. Der Baubeginn war im Dezember 1996; die Fertigstellung ist für Ende 1998 vorgesehen.

Bereits fertiggestellt wurde das Gebäude der Bank für Sozialwirtschaft in der Oranienburger Straße Nr. 13/14. Es orientiert sich in der Fassadengliederung an einem konkreten Bauwerk, dem von Friedrich Adler (1827–1908) errichteten Vorgängerbau aus dem Jahre 1890. Das Haus war 1924 von der Hilfskasse der Freien Wohlfahrtspflege, der Vorgängerin des Bankinstituts, gekauft worden. Im Krieg wurde des Gebäude zerstört; 1959 erfolgte die Enteignung durch die DDR-Behörden. 1992 wurde die Bank wieder in ihre Eigentümerrechte eingesetzt. Man entschloß sich, das Stammhaus an dieser Stelle neu entstehen zu lassen. Mit der Planung des Baues wurde der Kopenhagener Architekt Dieter Fremerey beauftragt. Risalit und Bogengiebel betonen den Mittelbereich des

Hauses und nehmen damit einige von Adler verwendeten Gestaltungselemente auf, die die Fassade zum Monbijoupark hin ausrichten und öffnen.

Objektregister

Quellennachweis

1 Friedrich Nicolai: Beschreibung der Königlichen Residenzstädte Berlin und Potsdam (Reprint), Berlin 1968

2 Franz Hessel: Ein Flaneur in Berlin, Berlin 1984

3 Theodor Fontane: Stine, Berlin und Weimar 1968

4 Matthias Schirren: August Endells Lehre und die Gestaltung der Hackeschen Höfe, in: Die Hackeschen Höfe, Geschichte und Geschichten einer Lebenswelt in der Mitte Berlins, herausgegeben von der Gesellschaft Hackesche Höfe, Berlin 1993

5 Volker Hübner: Berliner Treppen in Wohngebäuden des 17. Bis 19. Jahrhunderts, Berlin-Brandenburg 1995

6 Zitiert nach Uwe Kieling: Berlin. Baumeister und Bauten, Berlin und Leipzig 1987

7 ebenda

8 Max Sydow: Chamissos Leben und Werke, Berlin–Leipzig–Wien–Stuttgart o.J.

9 Theodor Fontane: Autobiographische Schriften, Zürich 1987

10 ebenda

11 Gerhart Hauptmann: Das Abenteuer meiner Jugend, Berlin und Weimar 1980

12 Alfred Döblin: Berlin Alexanderplatz, Berlin 1929

13 Detlef Rüster (Hrsg.): Über das medizinische Berlin, Texte des 18. Jahrhunderts, Berlin 1990

14 Götz Bellmann: Neue Hackesche Höfe. Philosphie der Architektur, Berlin 1996 (Materialsammlung)